ひきこもる女性たち

池上正樹
Ikegami Masaki

ベスト新書
510

はじめに

「ひきこもり」という状態像について、社会で話題に上がるとき、とかく男性のイメージがつきまとう。

一昔前までは、「男性は外に働きに出る」ことが当たり前のように考えられ、「女性は家事を支えて家庭を守るもの」という価値観を前提にして、保険や年金といった日本の社会保障制度が設計されていた。

言うまでもなく、持てる者と持たざる者の格差が拡大し、当時の前提が崩れて設計そのものが時代に合わなくなっている中で、「働くことができずにいる」男性の「個人的問題＝ダメな人間」という意味に、いったいいつまで「ひきこもり」という言葉を置き換え続けるのだろうという疑問がある。

「ひきこもり」という現象は、男性の身だけに起きる問題ではない。しかし、ひきこもっている女性たちを阻む障壁や環境、課題について、いったい国はどこまで想像し、真剣に向き合ってきたのだろうか。

ひきこもっている女性の実態は、いったいどのようなものなのか。

20年近く「ひきこもり」界隈を取材してきた筆者が把握する限り、ひきこもる女性に特化した実態調査は行われてこなかったために、男性と違って、彼女たちの抱える現実や課題は、なかなか見えてこない。

２０１６年4月現在での最も直近のエビデンスは、２０１０年に内閣府が行ったデータが、比較的、現実に即しているといえるだろう。

当時の調査によると、「ひきこもり」群の定義である「趣味の用意のときだけ外出する」「近所のコンビニなどには出かける」「自室からは出るが、家からは出ない」「自室からはほとんど出ない」状態が6ヵ月以上続いていると答えた人は、1・79％で、約70万人と推計した。

「ひきこもり」群の性別（注意：二者択一）は、男性66・1％、女性33・9％だった比率を当てはめると、「ひきこもり」層の女性は、約23万6千人に上る。

しかし、この内閣府の調査は。上限39歳までしか対象にしていない。最近の地方自治体の民生委員を通した調査では、全「ひきこもり」層に占める40歳以上の割合が、山梨県6割、山形県、島根県が半数を超えたことなどを考えると、女性の数は、2倍の約47

万人に上ると推計することもできる。

また、調査では、「自宅で家事・育児をすると回答した者を除く」と定義され、データには反映されていない。

ちなみに性別は、男性と女性の二者択一になっていて、セクシュアル・マイノリティは最初から除外されている。

その結果、こうした公的な実態調査で表に出てくるデータは、ほんの一握りだ。

実は、このことに気づいたきっかけは、筆者が講師を務めていた「女性のためのライタースクール」の卒業生から、「クラスに、ひきこもっている主婦はいっぱいいた。ひきこもるのは男だけじゃない」と聞かされたことだ。

そのライタースクールは、1989年に長井和子《ながいかずこ》校長が開講した「アイムパーソナルカレッジ」（東京都港区）のことで、自ら『33歳、子ども2人、それでもコピーライターになりたかった』（亜紀書房）を出版していた。

生徒の1人で、当時40歳の女性は、2人の子どもを育てる専業主婦で、夫の言いなりだった。ある日、夫から深夜、迎えに来いと言われ、寝かせた子どもを腕に抱き、車に乗り込んだ。ところが、ドアを壁にぶつけてしまい、夫に殴られる。いつも夫の顔色を窺い、パニック障害に襲われた。以来、子どもがいても何も食べられなくなり、気力が湧かなくて、寝たきり状態になった。しかし、その本に出会い、目標ができたことから、電車に乗る練習を重ね、スクールに辿り着いたという。

彼女は通学するうちに元気になり、卒業式ではバニーガール姿で熱唱。夫婦の立場も逆転して、妻が深夜まで酒を飲み、夫に迎えに来てもらうまでになった。

ライタースクールには、決死の思いで「社会にいないことにされてきた」現状から脱出する主婦たちがいた。「ひきこもり」という言葉のない時代から、女性たちは苦しんでいたのだ。

そうしたエピソードを基に、週刊朝日で「人との交わりを避ける妻たち」を取り上げた企画も生まれた。２０１５年1月30日号で、『見えない「ひきこもり主婦たち」』という特集を掲載したところ、大きな反響が寄せられた。「良い妻」「良い母親」幻想に縛られて、自分の人生を犠牲にせざるを得ず、社会に心を閉ざした、同じような思いをしている主婦たちが数多くいることがわかったのだ。

さらに、主婦だけでなく著者が２００９年からダイヤモンド社のネットメディア『ダイヤモンド・オンライン』で、隔週木曜日に配信している『「引きこもり」するオトナたち』の専用アドレスには、毎日、読者からメールが届く。

記事を更新すると、1日に10人とか20人から一気に寄せられてくる。その大半は、ひきこもっている本人か経験者からの相談だが、実は、そのうちの半数は、女性が占める。「働きたいのに社会に出ることのできない」男性たち同様に、「社会に出られずに生きづらさを抱えている」女性たちも数多くいる。

「ひきこもり」状態に至る背景は、さまざまだ。女性の場合、摂食障害やリストカットといった別のテーマで吸収されている場合もある。

男女に多少の違いはあるものの、家族以外との関わりができない「ひきこもる」という本質的なメカニズムも、男性とあまり変わらない。

それでも、この数は、おそらく氷山の一角である。

筆者の元にメールを寄せてくる女性当事者たちもまた、「女性は自分だけかと思っていました」「女性の行ける居場所が近くにない」などと思っている。しかし、身近な地域には、そうした「ひきこもらざるを得ない」状況に至った女性たちが思いを相談したり、共有できたりする居場所やコミュニティなどはない。

これまで「ひきこもり」というと、一般的に男性の問題として報じられることが多かった。ところが、このように声を上げられなかった女性たちが、数多くいるのも事実だ。統計から消され、「弱者」にさえなれなかった、そんな女性たちが最近、経験者として声を上げ始めた。これまで孤立していた女性たちが動き始め、あるいは、コミュニティをつくるなどのつながりも生まれている。

本書をきっかけに、伝えたくても言葉にできる場のなかった「ひきこもる」女性たちの思いや気持ちが少しでも理解され、今も理不尽な思いに苦しみ我慢している女性たちに勇気を与え、社会の設計が現実に即した形で見直されていく契機になれば、今回取り上げた意味があると思う。

『ひきこもる女性たち』◆目次

第2章　彼女たちがひきこもる理由

第3章 主婦は「ひきこもり」ではない？

第4章　彼女たちに必要なもの

第5章 社会とつながるために

第1章

ひきこもるのは男だけじゃない

メディアで報じられる「ひきこもり」たち

「ひきこもり」というと、テレビやマンガ、映画などでは、カーテンを閉め切ってジメッとした部屋にじっと息を潜めている……そんなイメージで描かれる。だから、国内外のメディアを問わず、取材者が、「扉の向こうに、じっと〝ひきこもり〟している像」を探し求めて、筆者の元にアプローチしてくることが多い。

特にテレビ局が求めてくるのは主に男性の姿で、最近では、40歳以上という注文も加わるようになった。母親がドア越しに料理を運ぶシーンを具体的にリクエストされたこともある。

そんな取材者から「(ひきこもっている人は) どんな人たちですか?」と尋ねられた際に、「普通の人たちですよ」などと答えると、不思議そうに、キョトンとした顔をされる。さらに、筆者と外で会うことができ、関係性を構築しているような当事者を「本人も発信したいことがあるようだから」と紹介しても、「なんか、違うんですよねぇ」などと言われる。特にテレビメディアの場合、「扉の向こうで〝ひきこもりしている〟という絵面《えづら》が欲しい」だけの制作者側の思惑と、こちらの価値観が重ならないのだ。

やがて、自分たちの思い描いていた「絵」が撮れないことがわかると、筆者へのインタビューや放送企画そのものも、いつのまにか立ち消えになる。振り返れば、ここ何年もそんなやりとりを繰り返し、そのたびに時間とエネルギーを浪費してきた。

最近も、それを如実に物語るような事件が起きた。

2016年3月21日夜、テレビ朝日『ビートたけしのTVタックル』の「大人のひきこもり」特集で、70歳代の両親の依頼を受けた支援団体の代表が、47歳の息子がひきこもる部屋のドアを突き破り、「降りて来い!」などと大声で怒鳴って威圧する映像を流した。さらに70歳代の父親の依頼を受け、自宅を占拠し〝ゴミ屋敷〟状態で1人暮らししている41歳の息子に、「現実逃避するなよ!」「やーだの、あーだの言ってる暇あったら、自分の自立、一歩でもどうやって進むか考えろ!」などと説得し、車で連れ出し支援団体の主催する寮で共同生活させるまでの様子を伝えた。そこでは、物的損壊、威圧するという暴力的手法や当事者側の人権侵害などの問題について何ら検証されることもないまま紹介された。

同年4月4日、『ビートたけしのTVタックル』が放映した「大人のひきこもり」特集の番組のつくり方には問題があるとして、精神科医の斎藤環《さいとうたまき》氏の呼びかけで、5人のひきこもり経験者や学者らと一緒に筆者も参加して、記者会見を開催する事態にまで発展した。

会見では、そうした報道には、人権意識が欠けているとして、当事者たちは共同声明を発表。さらに斎藤医師は記者会見後、ＢＰＯ（放送倫理・番組向上機構）の放送倫理検証委員会に対し、同番組の放送内容の審議を要請した。

こうした批判を受けて、番組を制作したテレビ朝日は、その後のメディアの取材に、『ひきこもり当事者の方々がご心痛を受けられたとすれば、今回この問題を取り上げた番組の本意ではなく、遺憾に思います』などと「遺憾」の意を表した上、地域によっては当該番組の放送も「延期」されたと聞く。

この番組で紹介された支援団体も、学校長が同学校のホームページに下記のコメントを発表。反省を示すと同時に、編集された映像である点についても言及した。

『ご指摘の通り、当方に至らぬ点が多々あり、粗暴な言動など誤解を招くような立ち振る舞いをしてしまったと深く反省しております。

しかし、現場では、いかなる場合においても正当な手順のもと事前に保護者（家主）および本人の同意を得た上で対応にあたっています。

番組内で紹介された事例につきましては、平成28年1月22日にテレビ朝日・スーパーJチャンネルにて放送された番組を編集されております。（後略）』

偏重した報道によってもたらされるもの

この種のテレビ番組では、これまでも「ひきこもり」問題を取り上げる際に、親を被害者にして、ひきこもっている当事者をまるで犯罪でも犯したかのような絶対的な悪に見立て、そこに乗り込む支援業者とテレビカメラが一緒になって「悪を裁く」といった〝勧善懲悪〟のストーリーに落とし込んできた。

また、外に連れ出す瞬間に、テレビカメラを持ち込むというやり方には問題がある。親や社会に迷惑をかけている「ひきこもり」当事者であれば、テレビ局には批判が来ないだろうという前提で、いきなりカメラの前にさらす。これは人権侵害行為だ。

そうした〝わかりやすい構図〟が、視聴率のアップにつながるのだろう。

実際、支援団体のホームページを見てみると、支援対象問題として「非行」や「凶悪犯罪」と「ひきこもり」が同列に並んでいた。このような業者は部屋にひきこもる当事者の現状に焦りを抱いた親から多額の報酬を受け取って、寮や施設などに連れ出す「引き出し業者」と呼ばれてきた。一般的に「本人の意思に関わらず、外に連れ出す業者」という意味だ。

また、行政の中にも偏見がある。例えば、東京都では、「ひきこもり」担当部署が「青少年・治安対策本部」の扱いになっていて、「ひきこもり」状態にある当事者たちを「犯罪者予備軍」として見ていることがわかる。

ところが、現実は違う。社会的課題から抜けられない当事者も、「ひきこもり」に関する情報やノウハウを知らずにきた親も、どちらも被害者だ。

特に当事者たちは、学校や職場などでさんざん傷つけられ、社会的に関われなくなってしまった多様な背景がある。そうしたきっかけや環境を配慮されることもなく、一方的に「支援という名の暴力」によって傷つけられていく。的を射ない支援により過去のトラウマを想起させられて、より悪化していく人もいる。

もちろんテレビメディア制作者の中には、半年、1年と時間をかけて、丁寧に当事者との関係性を築き上げ、取材を行っている人たちもいる。

しかし、残念ながらそうした丁寧な取材をする人は一部のみで、安易に「絵になる題材」を提供してくれる団体に飛びつき、提供された題材をたれ流す傾向にある。目の前で行われている「人権侵害行為」をやめさせるどころか、視聴者を一緒に「加害的傍観者」にしている。

こうして、メディアの人間が思い描く「ひきこもり」という虚像が、まるで得体のしれない生き物のように、どんどん誇張されて描かれていくのである。

「ひきこもり」現象の出現と〝名詞系〟問題

そもそもこの「ひきこもり」という言葉は、どこから生まれてきたのか。

筆者が知る限り、「ひきこもり」という言葉が初めてこの国に登場するのは、1991年まで遡る。当時の厚生省（現在の厚生労働省）が開始した「ひきこもり・不登校児童福祉対策モデル事業」の中に、この文言を確認することができる。

さらに、全国ひきこもりKHJ家族会連合会・西東京支部「萌の会」の元代表だった当事者の父親によれば、1980年代にはすでに、厚生省が「ひきこもり」という文言を文書の中で使用していたことを記憶しているという。もしそれが確かなら、最初にこれをネーミングしたのは、役所サイドだったということになる。

だが、1980年代には、「ひきこもり」という言葉は、ほとんど知られていなかった。その頃、社会的に認知されていた言葉としては、一生懸命に頑張ってきた人が、突然意欲を失って、社会的に機能しなくなってしまう「燃え尽き症候群」、あるいは「バーンアウト」と呼ばれる現象があったので、今の「ひきこもり」として括《くく》られる領域に当てはまる人たちも、こうした心因的な症状というか現象を指し示す表現に吸収されていた可能性がある。

また、大学生や若者などを中心に、入学や就職、転勤、１人暮らしなどの生活を始めた人たちが、新しい環境に適応できなくなる症状で、ゴールデンウィーク明けの５月頃から起こることから名づけられた「五月病」なども、「ひきこもり」状態に近いかもしれない。

一方、「ひきこもり」というネーミングを巡ってかえって「差別を助長する」と指摘されているのが、いわゆる「名詞形」問題だ。

それまで普通に呼ばれていたその個人の名前が、社会から撤退して、他人との関わりを閉ざし始めたときから、「ひきこもり」と呼ばれようになる。ひきこもるという行為は、状態像を表現する言葉であるはずなのに、その瞬間から、差別の意味が込められたレッテルのような「名詞形」を背負って、これからの人生を生きていくことを意味する。

著作家の上山和樹《うえやまかずき》氏は、多文化間精神医学会の学会誌『こころと文化』に寄稿した『動詞を解放する技法』の中で、こう著述する。

『名詞は、ひとをパッケージ化する。それは名指された側の質的プロセスを、発言者の思惑に監禁する。「あなたは○○だから」――名詞形は差別的な決めつけの根幹であり、というよりむしろこれは、「差別」の定義と言ってよい』

人を分類する目線そのものが、差別的目線になってはいないか？　という大事な指摘である。

ひきこもる現象が、「ひきこもり」という名詞形で表現されてきたことも、こうした「差別」もしくは「好奇」の対象物として見られてきた背景が影響しているのであろう。実際には「ひきこもる」というのは動詞であり、「ひきこもっている人」とか、「ひきこもる人」などと表現するのが正確な表記となる。

とはいえ「ひきこもり」という言葉は、これまで蔑視の対象としての問題があるのかどうかの議論も十分にされることはなかった。そして、２０００年頃から佐賀・西鉄バスジャック事件や新潟県柏崎市少女監禁事件が起こった背景として不幸な形で広く知れわたってきたために、すっかり名前だけが定着してしまった。だから、ひきこもる本人や家族に情報を告知する際にも、あるいはメディアでキャッチコピーを立てるときも、「ひきこもり」という名詞形を使わざるを得ないジレンマに、見出しをつける編集関係者は頭を悩ますことになる。

社会から見たひきこもり

筆者は約18年にわたって「ひきこもり」界隈を取材したり、当事者たちから生まれる活動や家族会をサポートしたりしてきた。

これまで「ひきこもり」というと、不登校の延長にある学校卒業後の「若者の問題」として語られることが多かった。しかし、ひきこもる中核層は確実に、その存在が見えにくいまま、長期化・高年齢化してきている。

厚労省の定義によれば、「仕事や学校に行かず、かつ家族以外の人との交流をほとんどせずに、6ヵ月以上続けて自宅にひきこもっている状態」を「ひきこもり」と呼んでいる。でも、実態は、自宅にじっと動かずにいるわけではない。「6ヵ月以上続けて」というのも、分類するための便宜上の期間だ。

なお、当事者家族会として、1999年以来、長年のノウハウの蓄積をもつ「全国ひきこもりKHJ家族会連合会」のKHJガイドライン・アセスメント事業委員会（委員長・境泉洋《さかいもとひろ》／徳島大学大学院准教授）が2015年度、厚労省の事業委託を受けてガイドラインを作成した。そのガイドラインによると、「ひきこもり状態」を次のように定義している。

『様々な原因の結果として社会的参加（義務教育を含む就学、非常勤職を含む就労、家庭外での交遊など）を回避し、概ね家庭にとどまり続けている状態（他者と交わらない形での外出をしていてもよい）』

また、家族会のガイドラインが対象としている「ひきこもり状態」とは、以下のような状態などについても指すとしている。

『80歳の要介護者の自宅に無職の50歳の子供が親の年金で生活している。生活保護世帯の家庭に長期間働かずに自宅中心の生活をしている子供がいる。30代後半の利用者で数年間仕事をせず、自宅中心の生活をしていたが、親の介護や死亡を機に生活保護を申請しようとしている。ひきこもり状態にあっても、現時点では家族の支えによって生活に困窮していないものの、家族の支えがなくなった場合に、生活困窮になる可能性がある』

テレビ制作者が思い描く〈得体の知れない像〉や、専門家が机上で分類する名詞形のレッテルと違い、家族会は対象者をリアルにイメージできていると言える。

行き場のない人々

筆者が公開している読者専用アドレスには毎日、何人もの方々からメールが寄せられてくる。メールの大半は、ひきこもっている本人や経験者、あるいは、社会に出ていても先行きが不安定で「自分もそうなるかもしれない」と危惧を感じる〝当事者予備軍〟たちからの不安な気持ちや思いを綴ったものが多い。

そしてここ数年は、40代以上の相談が増えている実感がある。また、これから本書で触れるように女性からのメールも多く、相談してくる当事者全体のおよそ半数を占める。セクシュアル・マイノリティの人もいる。しかし、そうした「ひきこもり」というカテゴリーの背景にある現実は、外の社会に「見えていない」ためか、意外と知られていない。

もはや、こうした状態にある本人たちのことを「若者」や「男性」だけの問題として語れなくなってきているし、選別が行われてきたことによって、深刻な当事者ほど、ますます水面下に追いやられる弊害を生み出している。

数多くの当事者たちから毎日寄せられるメールのやりとりを通して見えてくるのは、「ひきこもるという行為＝扉の向こうでじっと動かずにいる人たち」ではない。

現実には、部屋や家から外出できるかどうかで「ひきこもり」の定義を線引きすると、本質を見誤ることになる。自然に考えればわかることだが、生きているのだから、外に出ることもあるし、筆者や安心できる人との面会なら可能な人もいる。

それは、本人たちの声を（メールも含めて）聞けば、よくわかる。その多くは、コンビニや図書館などへは外出しているし、河川敷をよく散策している人もいる。本当は外に出たいのに、家族などによって監禁状態にされている人もいる。

そこで、筆者は次のように定義している。

「ひきこもり」とは、家族以外の外部の人たちとの関わりが途絶えてしまった「社会から孤立した状態」のことを言う。中には、家族との関係さえも途切れ、誰ともつながりがない人たちもいる。

当事者たちが訴えてくる内容は、ほぼ次の点に集約される。「どこにも行き場がない」「周囲の視線が気になって人目を避けてしまう」「何もない自分を説明できない」などだ。

地方などでは、「外を歩くだけで不審者扱いされて怖い」と脅える人もいる。外の社会に、自分の存在を受け入れてくれたり、認めてくれたりする人たちがいないために、かつての友人や同級生などの人脈もだんだんと途切れて、社会からも遠のいていってしまうのだ。

特に心を突き動かされるのは、自宅から一歩も出られないというSOSを求めるメールだ。「生きていても社会に迷惑がかかるだけ」「死にたい」などと訴えてくる人も少なくない。

どんな人がなりやすいのか

ひきこもり状態に陥るのには、いじめや体罰、暴力、受験、就職活動の失敗、失業、事件事故、災害、親の介護、病気など、実にさまざまなことが引き金となる。しかし、大事なのは、なぜそうなったのかではなく、「どうして抜けられないのか」という検証だ。

学校や社会などでさんざん傷つけられてきた当事者たちは、「もうこれ以上傷つけられたくない」し、自分も「他人を傷つけたくない」などと、自分の生命や尊厳を防御するために、場面回避を繰り返しながら撤退していく。やがて、生きる意欲や意義さえも失い、諦めの境地に至ってしまった人たちだとも言える。

しかし、こうしてさまざまな理由で諦めてしまった人たちが、メールを出してくれるということは、今の状況から抜け出し、再び社会との関係性をつくろうとして、勇気を出して動き出そうとしている証しでもある。

ひきこもり状態の人々に多く見られる傾向としては、研ぎ澄まされた感受性を持ち、カンがいいために、人一倍、周囲の気持ちがわかり過ぎてしまうという特性が挙げられる。

それだけに、自分の望みを言い出せず、逆に相手に頼まれると断れないまま、気遣いし過ぎて疲れてしまう。そして、自分さえ我慢すれば、すべて丸く収まるからと納得のできない思いを封じ込めて、社会から撤退していく。そうした真面目な人々という像が浮かんでくる。

ただし、精神疾患や障害の疑いがある人たちの中には、周囲の空気が読めないなどの対極的な人たちもいる。そんな精神疾患や障害を抱えた人たちの一部は、自分ではコントロールできない理由によって人間関係をうまく築けず、周囲から孤立することを余儀なくされて、ひきこもらざるを得なくなる場合もある。

深刻なのは、誰にも本当の思いを打ち明けられず、助けも求めることができないまま、あるいは「家の恥だから」「近隣に知られたくないから」などと考える家族に隠されるがゆえにますます埋もれてしまい、情報が途絶えてしまった人々だ。そして、親子ともに生きるためのノウハウがわからないまま長期化・高年齢化していくことで、向き合うべき課題が見えなくなっていくことになる。

さらに現代日本は、周囲の期待する「レール」からなんらかの事情でいったん外れると、再び這い上がるのが難しい社会だ。1年間に何百社と求人に応募しているのに落とされ続けて、ようやく雇われた先は、将来の見通せない派遣やアルバイトなどの非正規の待遇。正社員になれたかと思えば、いわゆる〝ブラックな企業〟だったという人たちも少なくない。

厚労省が2015年11月に公表した「就業形態の多様化に関する総合実態調査」によると、全労働者に占める非正規労働者の割合は、ついに約40％に達した。中でも、働き盛り世代である35歳〜54歳の非正規労働者は年々増加。その非正規労働者の月収は、20万円未満が80％弱を占め、10万円未満も36％余りに上る。社会保険制度の適用割合も雇用保険が約68%、健康保険約55%、厚生年金約52%、賞与支給約31%などと、とても日々生活していけるような状況ではない。

そうした社会で真面目に一生懸命頑張ってきた結果、さんざん傷つけられた社会から撤退し、あらゆる関係性を遮断してしまう状態が、リーマンショックの頃から顕在化してきた新しい「ひきこもり」層だ。

漏れていた女性への目線

さて、では女性の話に移る。

2010年に内閣府が行った「ひきこもり実態調査」を見ても、「ひきこもり」層における女性の比率は3割強にとどまる。他の自治体などで行っている調査を見ても、女性は概ね2~3割前後と少ない。

前述したメディアや事件で取り上げられてきたひきこもりや、この調査結果のように、一般的には「ひきこもり=男性」のイメージが強いが、現場の声を聞けば、同じような状況に苦しむ女性も数多く潜在していることがわかる。しかしなぜ、社会的に「忽然《こつぜん》と」女性の存在が消されてしまうのか。

既述したように筆者の元に寄せられてくる当事者たちからのメールを分析すると、その内訳は、およそ半数が女性からのものだ。

その年代も、圧倒的多くは働き盛り世代の中年層で、家から出られない「閉じこもり」系から、社会との関係性を模索している経験者、今は社会と関わりのある「親和性」系の人たち。ひきこもらざるを得ない現状から抜けられなくなる課題も、本質的には男性とまったく変わらない。

「メールを送るのも怖くて、ずいぶん悩みました。でも、今の私には、誰とのつながりもありません。どうしたらひきこもりから抜け出せるのか、きっかけが欲しいと思い、勇気を出してメールをすることにしました。人間関係が苦手で、孤立しています。何とかしなければと思うのですが、どうしたらよいのかわからないのです」

引用にあたって本人に承諾を得たメールの送り主の40歳代女性も、両親のいる実家から自立しようと、いろいろと頑張ってきたものの、うまくいかなかった。メールを見ていると、他にも同じような状況に置かれ、サポートを求めたくても声を上げられずにいる女性たちは少なくない。

さらに、いわゆる「毒親《どくおや》」を抱えていたり、「摂食障害」や「虐待」「リストカット」

「PTSD（心的外傷後ストレス障害）」などと言われたりしてきた問題を背景に抱えている中にも、「ひきこもり」状態になっている女性たちがいる。

これまで「ひきこもりの人たちは男性のほうが多い」と定説のように語られてきたものの、見えない「ひきこもる女性」たちも数多く水面下には存在しているのだ。

〝毒親〟問題に関しては、２０１５年12月に開催された「ひきこもり」に関心ある多様な参加者の対話の場『ひきこもりフューチャーセッション「庵ＩＯＲＩ」』の中で、「母と娘の対話」というテーマテーブルを設けたところ、20人余りの参加者は全員が女性だった。

また、会社で上司などからパワハラやセクハラを受けて辞めざるを得なくなり、キャリアを活かした仕事が見つからなくなる事例も女性に多い傾向がある。特に地方では、「安い労働力を使い捨てにする」非正規しか仕事がなく、行き場がなくなり、共有できる仲間もいないという問題がある。

性被害や子どもの頃の虐待など、心の傷から立ち直れないという深刻なケースもある。しかし、こうした彼女たちのひきこもる原因となった「見えない声」に耳を傾け、寄り添って思いを受け止めてくれる場、発言できる場は、なかなか存在しないのが現実のようだ。それは「ひきこもり＝男性」という往年の図式から、彼女たちが悩んでいるであろうことを汲み取る姿勢がなかったことが起因しているのかもしれない。

不可解なデータ

最近また新たなデータが出てきている。

沖縄県の石垣市青少年センターが２０１５年２月に公表した実態調査によると、ひきこもり状態の人の性別を聞いたところ、「男」は41％だったのに対して、なんと「女」のほうが47％と多かった。これは、離島という地域性が背景にあるのか、調査手法からくるものなのか、さらなる考察が必要だが、内閣府などの従来の公的調査に見られる「男性のほうが７割前後を占める」割合と違い、「ひきこもり」層の女性が数多く潜在化していることを物語るデータとして興味深い。

また、ひきこもり家族会唯一の全国組織であるＮＰＯ「全国ひきこもりＫＨＪ家族会連合会」の池田佳世《いけだかよ》代表によると、「ひきこもり」当事者の約８割は男性であるにもかかわらず、相談者の男女比の印象や文科省の学校基本調査の実質的なデータなどから、不登校者のおよそ半数は女性ではないかと推計している。もしそうだとすれば、当時、不登校だった彼女たちは、学校卒業後、いったいどこへ行ったのだろうか。

２０１０年に行った内閣府の調査対象者の項目を見てみると、「自宅で家事・育児すると回答した者を除く」と定義されている。

これは、世間的にも家族内でも就労するのが当たり前と考えられている男性と比べ、たとえ家にいても、「家事手伝い」という疑似的な肩書きによってある意味守られている女性は除外されることになる。さらに、夫や家族以外の外部との関わりがまったく途絶えている「ひきこもる主婦」や、そもそも回答欄の性別に選択肢のない「セクシュアル・マイノリティ」と同じように、社会にとって想定された対象ではなく、存在していないことになっていたのだ。

このように、行政が実施する調査の対象項目として「ひきこもり」という定義を設定する上で、「家庭内の家事、育児に従事している者は除く」という項目があることによって、家、夫、子どものみとの関係性だけで外には出ていない女性たちの声をすくえていないことや、長年の固定観念によって女性に潜む問題を解き明かそうとしていないことが問題として挙げられる。

調査の判断となったものは

当時、内閣府で調査を担当した明星大学人文学部心理学科の高塚雄介《たかつかゆうすけ》教授（2016年3月末日で定年退任）によると、ひきこもることへの「気持ちが理解できる」「自分もそうなるかもしれない」といった「親和群」の調査も同時に行ったところ、女性2：男性1で、「女性の割合が多くなる」という逆転した結果が出たという。

「女性は、リストカットや摂食障害といった病理性を持った人が多い。そういう人たちが親和群の中に隠れています。ところが、男性と比べてアルバイトをしたり、学校などへ行ったりしてしまうので、我々としては〝親和群〟として括るしかなかったのです」

高塚教授によれば、彼女たちが考えていることや、行動経験は、「ひきこもり」の人たちとほとんど変わらないという。

「ひきこもりの行動として現れ方に違いがあるのは、男性と女性の違いがあるからではないでしょうか」

女性の場合、それらを見える形で出してくる。例えば、摂食障害やリストカットは、周囲を心配させ、あるいは傷つける。

それに対し、男性は何も語らず、じっとしている。

では、調査を行う上で、なぜ除外されたのか。

「我々が最初から除外しているのは、妊娠中の人。子どもが産まれて、子育てに専念している人も、外していいだろうということになった。問題は、家事に専念しているタイプですが、この中には、ひきこもりの人が確かにいると思います。ただ、多くの場合、家事労働という『労働』をしているわけですから、いわゆる〝ひきこもり〟とは少し違うのではないかということになった。こういう調査を行う場合、先行調査によって、サンプリングの結果からどういう傾向が得られるかを見ます。そこで、とりあえず除外してみようというふうになったんですね」

「家事」という名目の意味

つまり、「家事手伝い」の女性の場合、どちらにも当てはまる可能性があった。「除外する」決め手になったものは何だったのか。

「やはり、目的意識があるかないかでしょうね」

家事という目的が立てられていると判断したのだという。

「労働の一環として捉えられる〝家事〟として見た場合、いわゆる〝ひきこもり〟とは違うというように見たんです」

ちなみに、委託先の内閣府のほうから、そのようなサジェスチョンがあったわけではなく、あくまでも研究チームで先行調査の結果を見て、「省いたほうがいいだろう」という結論に至ったという。

このように、社会通念として女性＝「家事従事者」という隠れ蓑があることによって、女性たちがその奥に抱える〝生きづらさ〟が顕在化しづらくなったのではないか。

「また、ひきこもり女性の中には、ある種の〝ふてくされ〟というか、家族に対する〝面当《つらあ》て〟というところから、ひきこもる人もいるんです。女性に対して、まだ保守的な家族も多いですから。自分は家族に対して不満を持っているという意志表明として、〝ひきこもり〟を見せる例も多いんですね。ところが、そういうタイプの人たちは、場が与えられて、評価が高まると、一気に〝ひきこもり〟を解消して社会に出て行けるんです。それに対して男性の場合は、ちょっとやそっとのことでは社会復帰できない人が多い。これは相当、心理的に根深いものがあるなというのが、私の見方です」

しかし、女性には男性と違った要因、家族の都合や事情で、外に出してもらえない人たちが多い。

昔、離婚して実家に帰ってきた女性の中には、「おまえは出戻りなんだから、あまり外をウロウロするんじゃない!」などと親から言われて、一気にひきこもる例もあった。「そういう延長線上にあるようなタイプが、今でも女性の中にはいるんです。例えば、自分はこういう仕事をしたいのに、親から〝絶対ダメだ!〟と反対されたとか。あるいは、付き合っている男性のことを反対されたとか……男性と少し違う要因がありそうな気がします」

「ひきこもり」状態を巡る男女の差

親や家族が「ひきこもり」を認めないケースや、明らかに社会の関係性をすべて遮断している女性たちもいる。

「何をもって〝ひきこもり〟と言うのか。定義が難しい。〝ひきこもり〟というのは、単なる現象に過ぎないわけですが、現象の背景に何があるのか? 私たちは、男性中心の見方はしていないけれど、ひきこもる人たちの背景には、深い心理的な歪みが起こっているという認識でいます。しかし、女性の場合は、歪みというよりも、外的状況が変われば、一気に変われるんです」

日本は戦後、民主化され男女平等になったと言われているが、本質的には大きく変わっていないのではないか。高塚教授は、「ひきこもり」の中で起こっている男女の差は、そんな日本の社会の構造的な問題が起因していると指摘する。

それでも、社会情勢はどんどん変わってきている。ネットを通じて、情報もどんどん入ってくる。

「(こうして入ってくる情報と)あまりにも自分の置かれている立場と違うことに、傷ついている人が多いのではないか」

女性が見えにくい、もうひとつの理由

「確実に、ひきこもっている女性は、性被害に遭っている人は少なくないというのが、私の感覚としてはありますね」

そう指摘するのは、性暴力撲滅を目指して活動するNPO法人「しあわせなみだ」(東京都)の中野宏美《なかのひろみ》代表だ。

「レイプがきっかけで外出できなくなる。セクハラがきっかけで出勤できなくなる。痴漢がきっかけで電車に乗れなくなる」

そんな事例が数多くあり、ひきこもる女性たちの背景には、性暴力に遭っている人たちが相当隠されているのではないかという。

「性暴力は本人も相談しにくく、なかなか表面化しません。本人が今、困っている問題からアプローチしていくことが大事なんです。たとえば、レイプに遭ってひきこもり状態になった人が1人暮らしの場合、ご飯を買いに行けない、仕事ができなくなる、経済的に困窮する、などというように、日常生活の部分に支障が出てくるわけです。彼女たちはそうした生活上の困り事のほうが相談しやすい。その困っている問題から入って解決していくプロセスを通じて、なぜそういう状態に至ったのか？　にアプローチできる支援が必要なのです」

２０１４年、ＮＰＯ法人「ＢＯＮＤプロジェクト」が東京都の自殺対策事業として、10～20代の若年女性３６９人にアンケート調査を行ったところ、そのうち性暴力を受けた女性は、約67％（２４９人）に上った。また、性暴力を受けた女性の半数近い１１７人が、「死にたい」「消えたい」と思っていたという。

ちなみに、性暴力の内容とは、「痴漢」「無理やり身体を触られた」「無理やり性行為をされた」「性的な画像や動画を撮られた」などだ。

中野さんは、こう説明する。

「性被害に遭ったことについて、実は本人たちは、それが性被害だと思っていないこともあります。ところが、〝こういう経験をしましたか?〟と聞くときも、〝たとえば、見知らぬ人間に胸を触られた、無理やり性行為を強要された……〟という感じで聞いていくと、〝経験したことがある〟と話し始めるのです。そういう女性たちは、〝自分が性被害に遭った〟という相談の仕方はしてきません。〝気持ちがふさぐ〟とか〝消えたくてしょうがない〟〝リストカットがやめられない〟〝1人で眠れない〟〝落ち着かなくてしょうがない〟というふうに具体的な症状を訴えて、まずは相談に来るのです」

若年女性の謎の死

筆者も、これまで女性の当事者と何度もやりとりしているが、本人のほうから、子どもの頃の性被害について打ち明けられることが、実は少なくない。

中野さんは、「ひきこもり」状態についても、「自死に近い」ものを感じるという。

「若年女性の自死の理由も、これまで調査してもまったくわからなかったのです。ちなみに男性は、リストラや借金などの経済的問題や精神的疾患など、ある程度理由が出ていました」

ところが、このBONDプロジェクトの調査を通じて、若年女性の自殺の大きな理由のひとつは「性被害だろう」ということを確信づけたと、中野さんは見ている。

「どうして理由が出てこないのかというと、本人が、誰にも打ち明けていないからです。家族は突然娘が亡くなっても、自死した理由に気づかないこともあるし、本人から聞いていても家族が言わないとか、隠すこともある。あるいは、家族が加害者の場合もあり、より表に出にくいのです」

本人は言わないし、家族も言わない。家族が加害者の場合もある。

筆者が2009年からダイヤモンド社の『ダイヤモンド・オンライン』上で、隔週木曜日に連載している『「引きこもり」するオトナたち』の中でも、ひきこもる女性たちの背景にあるセクハラやマタハラ問題の事例については、たびたび記事で取り上げてきた。幼少の頃の性虐待が原因でPTSDになって、相手の親族を訴えて逆転勝訴した話も紹介した。

その一方で、記事にはしていないが、子どもの頃、家に訪ねて来た叔父から無理やり性行為をされ、母親に打ち明けたものの「このことは誰にも話してはいけない」と口止めされてからは、家族とも一切口を閉ざして、今も部屋にひきこもり続けている女性がいる。

それでも、「ひきこもるほうに問題がある」と、いったい誰が言えるのか。

背後にある関係性

ＤＶ（ドメスティック・バイオレンス）で「ひきこもり」状態にさせられている女性たちもいる。

外出させてもらえない。仕事をさせてもらえない。金銭の使い方を制限されるというものだ。

「〝ひきこもり〟という言葉は使われないけど、ひきこもり状態にさせられているＤＶの関係は、実は少なくないと思います」（中野さん）

以前、筆者にメールを寄せてくれた女性は、部屋に監禁されて、寝たきり状態にさせられていた。彼女は両親が亡くなった後、預けられた親戚によって生活保護費を管理されていたため、「お金がないので、自由に外出できない」と泣きながら訴えていた。

その後、携帯料金を払えなくなって、メールも届かなくなった。今、どうしているのか心配だ。

このように、監禁状態に置かれている女性たちのケースも、「ひきこもり」としては数にカウントされることもなく、外からは見えなくなっていく。

ひきこもり状態になっているセクシュアル・マイノリティの人たちの生きづらさも、「社会の性に対する暴力」だと、中野さんは言う。

前述したように、セクマイの人たちも、「ひきこもり支援」に想定されずに実態調査の対象から外され、その数はカウントされていない。

中野さんは、「男性の中にも、性被害がきっかけで、ひきこもり状態になっている人がいるのではないか」と指摘する。

「いじめの中には〝性被害〟があります。たとえば、集団リンチで裸にされるのは、性被害です。性関係のいじめは、本人には最もしんどくなります。ひきこもる大きな要因になっていると考えます」

こうして「ひきこもり」状態の要因には、男女限らず、性暴力が隠されている。いじめとして一括りに語られるとぼやかされるものの、最も開示されにくいのが、こうした性関係のいじめであり、深刻な性被害になるそうだ。

「ひきこもる」という現象は、男性特有の状態ではない。こうした見えない「ひきこもり女性」たちの課題を紹介したい。

第2章

彼女たちがひきこもる理由

東海地方／Aさん（30代前半）

学校と家の二重ストレス

都会生まれの30代前半のAさんは、一人っ子。もともと、小さいときから、引っ込み思案の性格で、人間関係を築くのが苦手だった。さらに小学校に上がると、

「女子特有の、どこに行くにも何をするにも一緒に行動するというのが好きではなくて、あえて輪からちょっと離れていました。けれど、その行動が〝なんか、あの子、変わってるよね〟って、クラスの男子からも女子からも思われてしまったんです」

そのため友人もできず、いじめの対象になった。何か言われても、言われっぱなしの状態だった。

「悲しいし、寂しいし、それに言い返せない自分も悔しいという、いろんな感情がありました。仮に言い返したとしても、自分に味方してくれる人、肩を持ってくれる人がいないということがわかっていたことも、言えなかった理由のひとつですね」

中学に入った頃から、いじめはさらにエスカレートする。イヤなことを言われたので、無視していると、「調子に乗るなよ」と集団でAさん1人を責め立てた。休む日が多くなって、事実上、学校に通えなくなった。

しかし、中学2年のとき転機が訪れる。Aさんの父親の祖母が高齢になり、介護の必要性があったため、父親の実家がある山間の地方の小さな町に移り住むことになった。母親はAさんが学校に行けない状態もあったので、「引っ越して環境を変えたら、吹っ切れる意味でも、いいきっかけになるんじゃない?」と言った。そんな母の言葉に促されるようにしてAさんは、都会から移り住んだ先の学校に転校した。

ところが、である。

「転校先では、先生と生徒はタメ語で慣れ合っているような関係でした。教師と生徒も縁戚関係だったり、生徒の親同士が幼なじみだったり。どこに行っても顔見知りがいるといった感じで、都会から来た私には、考えられないような世界だったんです」

また、引っ越してきたその家には、祖母以外に父親の叔母とAさんの叔父も同居していた。その年老いた叔母は、認知症が進行していて、夜中になると、Aさんの部屋のそばで泣きわめいたり、「家に帰せ!」と怒鳴ったり、夜中にガラス戸を叩いたりして、家族全員眠れない日々が続いた。

また、独身だった叔父も大きな問題だった。

その叔父は、家族みんながいるときにAさんが祖母と話しているのを見ると「俺の親と話ししてるんじゃねえよ！」などと妨害する。

それどころか、笑い声をあげたら「うるせえ！」と言ったり、近くを通るたびに「アホ！」「ブタが歩いてるぞ」などと、たびたび大声で怒鳴ったりした。Ａさんの服がゴミ箱に捨てられていたこともあった。

「叔父は、外面《そとづら》のいい内弁慶《うちべんけい》で、近所でも〝大人しい人ですね〟などと言われていたのに、家の中では、父親のいないときを狙って、私と母にだけ暴言を吐いていました。叔父も、転校前の中学校のいじめっ子みたいに、弱い相手を執拗に叩くタイプだったんです。背格好もすごく大きな人だったので、中学生の自分は太刀打ちできずずっと怖くて……。刺激しないように、神経を尖らせながら、家の中で生きていたんです」

こうして、学校内で受けていた「いじめ」が、家庭内でも繰り広げられている状況になった。

そんな家庭内でのゴタゴタに疲弊したこともあって、転校先でも、ついに学校に行けなくなった。

体育会的な気質に合わない不適合者

Aさんは、転校して2ヵ月ほど経った頃からほとんど不登校になり、1日中部屋で過ごすようになった。

「学校には行きたいけど、いまさら、どういう顔して行こう。どういうふうに、みんなの前に出ればいいんだろう？　という感じだったんです。それに田舎の学校なので、やっぱり転校してきた自分は友達付き合いがなじみにくいというところもありました。勉強面でも学習要領が違ったので、自分がまだ習っていないところなのにすでに習ったということになっていたり、逆に習ったところがまだ習っていないことになっているなど戸惑いも感じました」

しかも、必ず所属しなければいけない放課後の「部活動」は、なぜかスポーツ部ばかりで文化部がなかった。事実上、スポーツ部への入部を強制される。

「この地域では、その状況に疑問を持つ人は誰もいない。幽霊部員の子もいたみたいなんですが、みんな顔を知っているので、そういう子たちは肩身が狭い思いをしていたんです。部活の話が出ると、自分だけ話についていけなくなる。みんなも先生も、自然と体育会的な気質なんですね。スポーツをすることへの抵抗というよりも、体育会的なノリが性に合わなかったんだと思います」

登下校の時間、クラスメートが家の前を通学していた。だから、朝は、みんなが通り過ぎてから起きるようにした。「学校に来ないの?」と言われることがつらくて、1日中、人目を避けるように過ごしていた。その結果、徐々に外に出られなくなった。

母親は当初、「学校へ行きなさい!」と、口を酸っぱくして言い続けた。Aさんは、部屋にひきこもっている間、親のしゃべっている声が聞こえないように、テレビの音量を上げた。ヘッドホンでCDを聞いて気分を紛らわすこともあった。

「具合が悪い」と言って寝ていれば、担任やクラスメートが家庭訪問してきても、起こされなくて済んだ。

「〝なんで自分だけが?〟とか、〝こんなはずじゃなかったのに、将来ろくな人間になれないのではないか〟って、1人で過ごしていると思えてくるんです。話し相手もいないし、世の中から見捨てられちゃうのではないかって、いろんなネガティブな気持ちが浮かんできて、余計に自分が苦しむ感じ。こんなつらい思いをしているのは、もしかして世界中で私だけ? みたいな思いが、どんどん強くなってくるんですね」

高校は定時制高校に進学した。「不登校などで学校になじめなかった生徒を積極的に受け入れている学校」との説明を母親がどこからか聞いてきて、「ここがいいんじゃない？」と勧めてくれた。

その高校は、Aさんの出身校ではない隣町の中学から何人も来ていた。お互いに顔なじみのいかにも〝ワル〟っぽい生徒たちで、休み時間になると、先生の悪口を言ったり、「俺は昔、こんなワルやってたんだ」というワル自慢をしたりしていた。

Aさんのような真面目なタイプは、どうしてもなじめずに、やがてヤンキー生徒たちからハブられる（筆者注・仲間外れにされる）ようになった。

「クラスに居場所がないって感じでした。これから3年間、クラス替えもないですし、ちょっともう無理っぽいかなって……」

1学期はなんとか通ったものの、2学期からまったく高校に行けなくなった。

せっかく母親が見つけてきてくれた学校だったが、Aさんは、自分のペースで行ける別の通信制高校に転校した。

「その学校は、ほとんどが自習の時間。課題やテストも自分の判断に任され、自力で勉強しなければいけないので大変だったのですが、勉強以外の人間関係に煩わされなかったので、なんとか頑張って、いい成績を収めることもできたんです」

こうして高校は3年で卒業。国立大学の推薦ももらえた。

卒業することだけで精いっぱい

大学に入ると、同級生は進学校出身の、受験競争を勝ち抜いてきた人ばかりだった。勉強のレベルについていけなくなった。

「大学は、人間関係ではくじけなかったんですが、勉強や学力面でくじけるようになってしまって……。自分だけが、ものすごい遠回りばかりしているなと感じながら、講義を受けているようでした」

もともと要領が悪い上に、他の学生が持っているような受験や勉強のテクニックやノウハウを持っていなくて、うまく立ち回ることができなかった。ノルマをひとつこなすにも時間がかかり、差がどんどん開いていくように感じられた。

「わからない、どうしよう、みたいな経験が、４年間に何度もあって……。無理しすぎちゃったのかな。欲を出して、上に行きすぎちゃったのかな。居場所を間違えちゃったのかなって思ったことも何度かありました」

大学は、今までのつらい思いをリセットできる場にできるのではないかという強い期待があった。振り返れば、理想を高く見過ぎていて、現実を見ていなかった。

「今まで理想として考えていたことが、自分の中で空想としてあっただけだった。講義を理解するのも、課題を提出するのも、卒論を書き上げるのも、グループで話し合うのも、すべて自分は、いっぱいいっぱいでこなしているのに、他の人は、バイトもやってサークルもやって友人と遊んで、4つも5つも掛け持ちしながら、軽々こなしているように見えるんですね。自分と他人を比べて、落ち込んでしまうんです」

Aさんが大学に入り期待していたのも、ドラマや映画で見たようなキャンパスライフの中で、友人をつくることが大きな目的だった。そのために、サークル活動もしたかった。

ところが、実際は、目の前の課題や講義を理解するのに精いっぱいで、友人づくりにまで気力も気持ちも回す余裕などなかった。サークルに入る前に、「両立は難しい」と諦めた。

「サークルに入ったら、飲み会とか、今日遊びに行こうとか、そういうのを断りにくくなっちゃうなって思ったんです。肝心の勉強はどうなるのかなって、心配や不安が強かったんですね。優先順位をつけると、理想ではまず友人をつくって、居場所もつくって、勉強もしようという順位だったのに、現実には第一位が勉強して卒業することにならざるを得なくなった。現実に気づいてから、順位が逆転してしまったんです」
次第に、勉強自体が手につかなくなってしまって、単位をいくつも落としてしまった。同級生とも取得単位の差がついて、4年になっても、卒業が危ぶまれる状況になった。そして卒業することだけを第一条件に置いて頑張ってきた結果、今度は就職活動に回す時間が少しずつなくなってしまった。

大学を卒業したら、本当は東京に出て行って、新卒で「事務職的な」職場に就職することを希望していた。しかし、就職活動ができないまま、ギリギリの状態で卒業したため、内定をまったく取れないまま、3月を迎えてしまった。さらに、Aさんを悩ませたのは就職活動というスタイルだ。

「皆で同じリクルートスーツを着て、同じ髪型に揃え、面接の想定問答を何度も練習する。人にどう見られているかを意識しながら、同じような形やハウツーで動く空気に、すんなりとなじめなかったんです」

それでも卒業後に、自分も就職先を決めないといけないと思い、あれこれ考え始めてはみたが、どう自分が進んで行けばいいのかわからなかった。

「エントリーシートでは必ず自己PR欄がある。でも、中学や高校時代は学校へは通わず、性格もが引っ込み思案で、いじめられっ子。何かの体験やバイトで成し遂げたわけでも、何かに打ち込んだわけでもなく、私にはアピールできる材料が何もない。そういう現実に打ちのめされる感じで、劣等感というか、引け目を感じちゃったんですね」

さらに結局、プレゼン力があるかどうかで、要領よくこなせた人が就職活動で採用されていく。

「私は昔から、ウソをついたり、思ってもいないことを話したりするのが、すごく苦手なタイプで、人に対して、お世辞とかおだてることもダメなんです。だから、面接やプレゼンの場でも、つい自分のありのままを話してしまっていたんです」

新卒と既卒の壁

職場は収入を得るだけでなく社会人になってからの〝居場所〟にもなる。社会の入り口の部分で、人が潜在的に持っている本質の部分を十分に問われることのないまま、今後の人生も左右されていく。

Aさんは新卒ではなくなってしまったものの、就職セミナーを探すなどして、就職活動を頑張った。しかし、いったん「新卒」の肩書きをなくしてしまうと、ハードルがいきなり上がってしまう。当時は「第2新卒」枠もなかった時代だ。

「よくセミナーなどに出ると、〝やる気や熱意を重視します〟とか〝学歴や経歴よりも、大事なのは気持ちですよ〟とか、企業の採用担当が熱く語っていますけど、本当は経歴でしか見ていないのではないか、と疑問に感じてしまうんです」

そもそも「既卒」になると、「新卒」以上に苦労する。「新卒」よりも優れていることやスキルなどをアピールしなければ、次に進むことができなかった。

「〝既卒の方でも可〟などと書いてあっても、本当に欲しいのは〝新卒〟なのだろうと、言われなくても場の空気で伝わってきました」

就職活動中、近くの大きな都市まで何度も長距離を往復した。

その就職活動に伴う交通費を捻出することも難しくなってきたAさんは、まずは生活費を稼ぐために、地域でアルバイトを探すことにした。本当は、学生時代にもアルバイトをしたかったのだが、前述したように勉強面で後れをとらないようにしたので時間をつくる余裕がなかったのだ。

「今からでも挽回しよう」

そう思って、Aさんはバイト先を探した。しかし、住んでいた地域が「あまりに田舎」だったことから、仕事そのものがなかなか見つからなかった。

「バイトの求人は、コストの安い学生のほうが重要視された感じだったんです。通学定期券を持っていれば、交通費も出さなくて済む。すでに私は大学を出ていたので、学生と年齢はそんなに変わらないとしても一般扱いとなり、給料がどうしても学生より高くなってしまう。それに倍率もすごく高い状況で、あるコンビニでは、アルバイト店員の欠員1人の募集に30~40人の応募がありました」

さらに求人を探すため最寄りのハローワークにも出かけてみた。窓口では、年齢や希望の職業を聞かれて、ピッピッピッと端末操作して求人票を取りだし、〝こんなのがありますよ〟と渡されるだけで終わり。自分が探してもわかるものばかりだった。

資格は持っていても、実務経験がないでしょ?

仕事が見つからないまま3年くらい経った頃、ハローワークで、職業訓練のチラシを見つけた。当時、厚労省に「基金訓練」(現在の「求職者支援制度」)という制度があり、新規の受講生を募集する告知だった。

パソコンの基礎講座を3ヵ月間無料で受講できる内容で、一定以下の所得の人は、給付金として月に10万円支給されるという。

「パソコンの資格を取れば、事務職に就職できるかもしれない。給付金のおかげで生活もしやすくなる」

そう思って、ハローワークで申し込んだ。

Aさんは、基金訓練に3ヵ月通い続けてパソコンを習い、ワードとエクセルの資格を取った。ところが、その後、何も具体的な就職までのフォローはなく、仕事のあっせんもなかった。

ハローワークに行くと、カウンセラーや担当者から、「パソコンの資格があっても、事務職の求人自体が少ないから、仕事にはありつけませんよ」「そもそも、あなた、資格は持っているけど、実務経験がないでしょ?」と突き放された。

その「経験」を積む場所を探しに来ているのに、「経験」はどこで積めばいいのか。資格を取っても「未経験」だと意味がないのなら、何のための国の職業訓練事業なのか。担当者から言われたことが、どうにも釈然としなかった。

「職業訓練を受けても、受けっぱなし。どういう求人が来ているのかの情報提供は何もない中で、自分がある程度の目途《めど》を立てて〝こういう仕事をしたい〟と具体的に提案しなければ動いてくれない。すべて求職者任せです。お役所仕事って、こういうことなのかと肌で感じました」

また、実際に仕事に就いている人の話を聞いて職業観を高めようという「職業人の講話」というカリキュラムも必須に含まれていた。ところが、Aさんの受講した講話は、そのパソコン教室の講師が前に立って、5分くらい、自分の生い立ちや経歴などを話すというものだった。

「講師は、明らかに就職のプロという感じではなく、ジョブカード講習を受けたとかのパソコン教室を運営している素人に見えました。そんな講師が内輪で済ませて5分で終わり。カリキュラムがザルで、本当にびっくりしました」

Aさんは、最終的に、基金訓練には計6ヵ月間通ったものの、「あのような対応なら、得るものもなく、行くだけムダかな」と思って、その後、足が遠のいた。

母親も「なんで、そんな使えない資格なんて、厚労省は職業訓練で用意してるんだろうね?」と不思議そうに首を傾げていた。

Aさんにとっては、かえって学校を出てからの時間が空いてしまった分、ますます焦燥感が募っただけだったという。

初仕事の衝撃

ハローワークと基金訓練以来、Ａさんは「家の家事」を手伝いながら過ごした。

大学卒業後、３年が過ぎて、また元通りに戻っていた自分を見て、「結局、何をやってもダメなのかな……」という投げやりな気持ちに覆われていた。再び、家にこもりがちな生活を送るようになっていった。

しかし、あるとき、実家の引っ越しをきっかけに「今までの自分をリセットしたい！」という気持ちが起きてきた。

「いろんなところに履歴書を送りました。年を重ねてしまっていたので、もう正社員は難しいかなと思い、アルバイトを受け続けました。しかし、面接まで行っても、なかなか思うように結果が得られなくて……。不採用だった理由はわかりませんが、言われたのは、〝この仕事の経験はありますか？〟とか〝結婚されていますか？〟というものばかり。問われる条件で線引きされていました」

何社も受け続けた結果、ようやく採用されたのは、ある郵便局の小包の仕分け作業だった。

2日間、研修があったもののそれは主に会社の説明で、仕事の詳細は一切説明なく翌日からすぐに勤務だった。

当日、朝6時に職場に行くと、どんな作業をするのか説明もないまま、仕分けの作業現場に放り込まれた。上司の指示は「とにかく手を動かせ！」だった。

「私は世間知らずだったので、真面目に挨拶をしなければと思い、いきなり自己紹介を始めたら、〝自己紹介はいいから、手を動かせよ！〟ときつい口調で叱られたんです。右も左もわからないのに、とにかく〝やれ！〟と催促されて……」

Aさんは、適切な指示も受けられないまま、とにかく見よう見まねで手を動かした。作業内容は、荷物の郵便番号と住所だけを見て、それぞれに配送ルートに合ったケースへ放り込むこと。

ただでさえ初めてのAさんには勝手がわからず、どうしてももたついてしまう。すると、ケースを積み込むトラック配送の運転手たちが待ちきれなくなったのか、トラックから飛び降りるやいなや、積み込み作業をしているAさんの前に向かって、「何やってんだ！　全然、できてねえじゃねえか！」と、大声で怒鳴った。

他の従業員が、怒鳴った運転手のところに行って何か話をしていた。しかし、運転手

はこちらのほうを見ながら、

「こんな忙しいときに、新人なんか採用するから、遅くなるんだろ！」

と、聞こえよがしの怒鳴り声で嫌味を言った。ふと実家にいた叔父をほうふつさせた。

その従業員が「まだ来たばかりなんだから、しょうがないじゃない」と、なだめるように言ったが、運転手は、納得できないらしく吐き捨てるように言った。

「あ～あ、使えねえな！」

Aさんは、作業しながら泣きそうになりながらも、その場だけは何とか乗り切った。

作業が終わった後、事後説明があったがそのときには、もう精神的に限界だった。

研修を入れると3日、作業だけでいうと1日で辞めた。

「新しいバイト先を探そうと思ったんですか、いちばん最初に言われた〝使えねえな！〟とかの暴言がトラウマになっちゃったんです。次の仕事に就かなかればいけないのに、新しい職場でも、また同じ暴言を吐かれるんじゃないか、みたいな恐怖心が、どうしても拭えなくて……」

根性論や精神論を押しつけるだけのサポステ

それでもその後も「働きたい」という意欲を持ち続けてきた。

ある日、求人情報をネットで検索して調べているとき、地元に厚労省の事業である「地域若者サポートステーション（サポステ）」という「無業状態の若者をサポートする」施設があることを知った。

「ここに行けば、仕事が見つかり働くきっかけになるのではないか」と思った。

その施設では、ちょうど「パソコン講座が開かれる」という情報が記されていた。以前、資格を取ったものの最近はパソコンを使っていなかったので、もう一度、パソコンスキルを身につけようと考え通い始めた。いくつかコミュニケーション講座や、ビジネススキル講座も受講してみた。

しかし、サポステでは、そうした受講後の「振り返り相談」の段階になると、適職診断や職場体験に勧誘されるようになった。断ろうとすると、カウンセラーの中には「なぜ講座を受けないの？」「どうして予定を入れないの？」などあまりにしつこく勧めてくる人がいて、Aさんは参ってしまった。即座に断るのはまずいと察知し「考えさせてください」と答えると、露骨に嫌な顔をされたこともあった。

勧誘を断りたいと思っても、断りにくい雰囲気にさせられる。「サポステには集客のノルマがあるのだろう」と思った。

「それにいざ、具体的な就職先を仕事を探そうと思って相談したらハローワークへ行け！　と言われて、〝何それ？〟と思いました。職探しへのつなぎがないんですよ。対人関係のコミュニケーション講座のようなものはあるけど、そういうものを求めていたわけではない。あくまでも形式的というか、実践的なところに踏み込んでいない感じなんですよね」

それまでAさんは、サポステを受託している「NPO」というものに対して、いいイメージを抱いていた。今回はたまたま対応したNPOスタッフの資質の問題かもしれない。けれども体調が優れなくて、就活が思うようにできないと話したときも、自分が就職できないのは「あなたの気持ちが足りないから、体調が悪くなるんでしょ？」「気持ちをうまく伝えないからうまくいかない」「やる気や熱意を見せなさい」といった根性論や精神論で説かれるのも理不尽に感じた。

また、Aさんは、サポステを運営しているNPO法人が県の補助を受けて実施しているプログラムについての疑問をぶつけてみた。

「そのプログラムを受講した人たちが、その後、どのような進路についたのかを知りたかったんです。すると、アルバイトも含めて働けるようになったのは過去1年間に数人で、残りの人たちは、不明か何もしていないかという状態だと言われました。税金を使った事業で、そんなに少ないのかと驚いて、進路の詳細を教えてほしいとお願いしたら、〝個人情報だから〟と断られました」

名前や住所などのプライバシーのことを聞きたいわけではなく、働けるようになった人たちの仕事の業種を聞いたら、「個人情報だから」の一言で片づけられた。以後、何を聞いても「個人情報だから」と繰り返された。重要なことだと思って聞いているのに、はぐらかされている感じが否めず不信感だけが募った。

逆にスタッフから、「そんな他人の進路の情報なんて、知って何の役に立つの？　そんなに気になるのなら、本人に直接聞けばいい」などときつめの口調で言われた。

Aさんとしては、少しでも進路を決めている人の数が多ければ、自分もそうなれるのではないかという希望を持てる。だから質問しているのに、「これが支援する立場の人の言う言葉なのか？」と耳を疑った。

スキルや経験はどこで積めばいいのか？

傷つくことや嫌なことを言われつつも、どこに頼ればいいのかわからなかった。「就労支援」をうたっているようなＮＰＯに頼る以外、働きに出るための「きっかけ」が、当時のＡさんにはなかった。

仕事の助言をもらうための場所だと思って行くと、逆に、そこの施設にいるスタッフたちの仕事を維持するために自分たちが使われているんだなということに、なんとなく気づかされる。

「サポートされているのは、どっちだよ！」

サポステに通っている間、心の中で「利権って、こういうものなんだ」と、つくづく思った。

しばらくの間は、何も手につかず、落ち込んだ。家の「家事」はできる限り手伝って過ごしてきた。

しかし、気持ちを切り替えなければ何もできない人間になってしまう。焦る気持ちが日々募った。

就活に関するハウツー本を取り寄せて、知識は学んだものの、実践的に就職活動を再開しようと思うと、おじけついてしまう。飛び込まなければいけないと思うのに、勇気が出なくて、あと一歩が踏み出せない。

また、前のように失敗したり、きついことを言われたりするのではないか。そんな恐怖心に襲われてしまう。

劣等感が強いので自信をつけたい。そのためにも、スキルや「経験」が必要だと思った。でも、その「経験」をどこで積めばいいのか。どこでスキルを身につければいいのかがわからないし、そんな場所もない。そんなことを考え出すと、頭の中で堂々巡りをする。

働きたいし、人並みに仕事だってしたい。友人も欲しいし、お金も欲しいのに、今の自分は何ひとつできていない。

焦り、不安、自分自身への情けない気持ち……。いろんな思いで、頭の中がいっぱいの状態だった。

「支援」という耳ざわりのいい言葉

何度も期待して、そのたびに裏切られる。そうとはわかっていても期待することをやめられない自分がいる。誰か支えになってほしい。誰かが親身になってくれるのではないか。

前に進みたいのに、同じところをグルグルしている状況から抜け出せない。スキルを身につけて、ステップを踏みだそうと考えていた目論見がすべて外れてしまった感じがする。

仕事に就くための支援プログラムでありながら、その前提にはコミュニケーションができないダメな人であるという決めつけがあって、「まずはそこから治してあげましょう」という構成になっている。そもそも、コミュニケーションは、周囲に問題があった結果、本人だけが苦しんでいることも往々にしてある。

本人がもう一度、社会と接点をつくりあげて、現状の生きづらさを解消させていくきっかけを、さらに奪っているプログラムになっているのではないか。

たとえどんなに支援メニューの名前が変わっても、結局はそこに帰結していく。提供されているプログラム内容は、どこに行っても一緒に見えた。

さらに最近問題となっているのは「就労支援」の名目で、相談してきた若者を職場に派遣し、「ただ同然で」働かせるケースだ。Aさんも、前出の団体とは別のサポステで、

「研修」という名のタダ働きを飲食店でさせられそうになった経験があるという。

すべての団体や企業がそうだとは思わないが、「中間的就労」や「就労体験」「職場実習」「研修」という名目によって、労働契約されていないのをいいことに、社会に出られない若者たちを、最低賃金より低い報酬、あるいは無料で使う。

Aさんは自分がこれだけ失敗をしてきたのは、「支援」に期待を寄せた自分が愚かだったからかもしれないし、世間知らずだったからかもしれないとも感じる。支援団体のスタッフに何を言われても、納得いかない扱いを受けても、黙って耐えていればよかったのかとも考える。

でも、Aさんは、黙ってはいられなかった。一方的で理不尽な扱いに対しては、声を上げなければならないと思った。

見えないだけで、自分と同じように泣き寝入りしたり、我慢したままの人たちがたくさんいるのではないか。弱い立場の人が、そうした理不尽な扱いをされていることを言わなければ、周りにも社会にも伝わらない。そういう理不尽なやり方が横行したままなのは、まずいことだと感じた。

それが今回、筆者のインタビューに応じた大きな動機だという。

搾取される当事者

それにしても居場所がなくて、つらい思いをしたり、生きづらさを抱える人々に対して上から目線で対応したり、無神経な言動をしたり、「研修」の名目で雑用ばかりさせたりと、これがはたして「支援事業」と呼んでいいのか？　と、Aさんは疑問に思う。「今までの経験から、立場の弱い若者の弱みにつけ込んで、足元を見ているようにしか思えなかったんですね。もちろん良心的な支援団体もあると思います。でも、弱い立場にいる若者を都合のいいように使おうとしているようにしか見えず、そういう団体に税金が流れていくのは納得できないし、悔しくて仕方がないです。まるで補助金ビジネスではないかと思うんですね」

ビジネスとして「若者支援」することに反対しているわけではないし、「ボランティアでやるべきだ」とも思っていない。ただし、支援する側と支援される側がウィンウィンの対等な関係でいられることが必要なのではないか。

支援団体ばかりが補助金の恩恵を受けられる状況は、支援とは呼べない。もしビジネスとして乗り出すなら、「若者ビジネス」とはっきり呼ぶべきで、「支援」という耳ざわりのいい言葉で、当事者たちを翻弄《ほんろう》しないでほしいと、Aさんは訴える。

同じように言葉にできない感情を抱え、悩んでいる女性たちは、たくさんいる。でも、思っていることが理不尽なことであるのなら、封じ込めている思いを怒りにして、表に出していくための力が必要だ。

「私よりも理不尽な対応をされた人が、他にも、もっといるのではないか」

Aさんは、働くきっかけをつかめないまま30歳を超えた自分の体験を、今も言葉にできずにいる人たちのために活かせるのではないかと考え、こうして筆者に思いを寄せた。

九州地方／Bさん（40代後半）

「男と同じ給料、もらっているんだろ」

九州地方に住むBさん（40代後半）は、高校卒業後から働き始め、約12年間社会人生活を続けていたが、職場で嫌がらせを受けたことなどをきっかけに、ある日突然、ひきこもった。

現在は外に出れるようにはなっている。

高校を卒業した後、地元にある企業の事務職として働く。１９８６年、男女雇用機会均等法が施行された直後だ。

それでも、当時の職場では、お茶くみやコピーとりなどの雑用も相変わらず女性がしていた。仕事の面では、男性社員からは「男と同じ給料、もらっているんだろ」と、嫌味を言われていたという。意識は変わらぬまま「寿退社」もどこか当たり前のような感じはあった。

その後転勤で、東京に出て働いたこともある。それから好きなことをしたいと思い、いろんな職種を経験したのち、故郷に戻ってきた。

東京から地元にUターンしてきてからは、同じ職場だった人とは会いたくなかった。東京に比べると、地元は世界が狭く、同世代の女性たちの多くが結婚していたという状況の変化もあって、自分に対するプレッシャーのようなものを感じるようで嫌だった。そのため、新しい就職先は少し遠いエリアに決めた。

ひきこもったきっかけは、ひとつの原因だけではなく、いろんなことが重なった。30歳のとき、ある日突然、職場の自分が指導していた後輩から嫌がらせを受けるようになる。

そういう中でも成果を出さなければいけない。精神的にも肉体的にもつらい状態が続き、我慢も限界になりついに退職願を出したが、すぐに受理されることはなかった。

その後、なんとか会社を辞めることができたものの、しばらくしたある日、急に携帯電話が怖くなって出られなくなった。このときから、カーテンを閉めきり暗い部屋に閉じこもって、外に出られないという生活が始まった。

「要因としては、後輩からの嫌がらせももちろんある。でもそれだけでなくて、今まで積もりに積もったあらゆるハラスメント、身体的に無理していたこと、親からのプレッシャーなどいくつか重なったんだと思います」

女だったら結婚するか、働き上げるかしかない

実家では、妹は結婚して子どももいた。

会社を辞めたいと親に相談したとき、親からの第一声は「働くのが当たり前」「働けなければ、穀潰《ごくつぶ》し」だった。

友だちから見ても、「様子が明らかにおかしい」と言われるくらい疲弊してボロボロになっているのに、〝仕事に行っている〟ことだけで、親は安心した。しかし、ついに仕事を辞めたとき、父親はモノサシで測るそぶりをしながら、「ここが定年で、まだB

はここ。このまま働き上げろ。それか女だったら結婚するか。今の妹は100点、Bは0点」と言われたのも追い打ちをかけた。親から人の人生に点をつけられるということに愕然《がくぜん》とした。

ひきこもった最初の頃は、暗い部屋の中で、石のように寝ていた。お風呂にも入れず、身体の中を虫が這うような感じに襲われて気が狂いそうだった。日中は部屋から一歩も出ず、親が寝静まった後にそろそろと動く状態が続いた。親からは、頭がおかしくなったと思われ、ある日無理やり車に乗せられて精神科に連れて行かれることになる。なぜ病院に、なぜ精神科に連れてこられているのか納得がいかず車から出ないでいると、看護師も一緒になって、車から無理やり引っ張り出された。

そして帰宅すると、母親が医師に処方された薬を山盛りにして持ってきて、「のまなきゃいけないよ」と渡された。母親は、医師から出された薬や注意などをきちんと守るタイプだ。

しかし、「自分はなんで、のまないといけないのかわからん、ましてあんなところに連れて行かれた理由もわからんのに、そこでもらった薬なんてのまない」と反論したが、それでも無理やり薬を飲まされることになる。頭を押さえつけられたように重くなり、しばらく体調が優れなかった。無理やり病院に連れていかれたり、薬をのませられたことも原因で、ひきこもり期間が長引いたのではないかと思っているという。

ドア越しの訪問

ひきこもってから5、6年経ったあるとき母親が、ひきこもりの家族教室で、保健師が家庭訪問してくれることを聞いてきた。ただ、「本人の承諾がなければ行けない」という規則があったため「保健師さんを呼んでいいか?」と母親に尋ねられた。

そこで、Bさんは戸惑いつつも「嫌だ」と「いいよ」という両方の返事をしたという。保健師が、初めて家庭訪問に来たときは、「ドア越し」に話をした。しかし、大半は泣きながら言葉にならなかったという。

2回目の訪問のときには、部屋の掃除をし、白髪交じりだったので、ニット帽もかぶって対応した自分の変化にも驚いた。ちょうどそろそろ「外に出たいな」と思っていたタイミングとうまく作用していたのかもしれない。

そんな心境の変化も生まれていたとき、保健師から「ひきこもり関係のフォーラムに来てみませんか?」という誘いを受け、両親と一緒に出かけた。フォーラムで聴講した、元当事者の体験談に共通点を感じ、私だけじゃなかったんだと安心したという。

さらに、ある神科医の講演はとても興味深く、じっと食い入るように聞いて、信頼できる人がいたら渡そうと思って用意していた33枚にもわたる手紙を手渡した。そんなBさんの行動に親は驚いたという。

その後、その医師から年賀状が来て、「書くということはとてもいいこと。自分も今でも日記をつけている」と書いてあった。それから自分でも「あゆみノート」という日記を書き始め、書くことで気づくことが多くなったという。ノートは計15冊にのぼる。

そんなとき、ひきこもり当事者の親たちが中心となって行なわれた自立支援プログラムに参加することにした。

参加者それぞれが団体で行動するのは久しぶりになるので、ぶつかり合いなどもありながら、一緒に外の空気を吸いながら作業や交流を重ねていったのはとても力になったという。そしてちょうどノートを書いていたのはこのときまでで、そのプログラムを一生懸命やるようになって、ノートを書く時間もなくなるほど、忙しくなった。

フォーラムに参加するまでは、「ひきこもる自分はダメな人間であって、自分が悪い」という思いしかなかった。しかし、講演でもらった資料には「こうしてもいいんだよ」

ということが羅列してあり、自分を認められている気がして「よかったんだ」と思え、安心したという。

また、「～回復の12ステップを学ぶ～」の中に書いてあった「虫歯や皮膚病、下痢、便秘、痔疾などの身体の不調は治療を受けることにした」を見て、８年間行くことのなかった病院にも、自分から行く気持ちがわいたという。

阻まれる一歩

少しずつ、外に出られるようになったＢさんは、再就職しようと新たな道を探すようになる。

そこで知ったのが厚労省事業の「サポステ」だ。しかし、当時外に出られるようになった38歳のＢさんが利用しようとしたところ、そこでは対象者が「35歳まで」となっていた。その年齢の線引きが何を根拠にしているのかわからず、窓口担当者に聞いても、「規則ですから」の一点張りで釈然としなかった。

それなのに、「新しいサポステができるのでそちらに行ってほしい」と言われ、行ってみたところ、Ｂさんが自分はこんな目標があるから、こういう業界や職種がいいと具

体的な希望を言うと、相手は
「そこまで自身の目標を立てられているなら、ここに来られなくていいですよ」

と、一蹴されてしまった。

前出の年齢制限も納得いかなかったが、サポステ利用者としてBさんを正の字の一本としてカウントするためだけに行かされたんだ、という気がしたという。

他にも、「この支援を受けてはどうですか」とアドバイスを受けてはそこへ逐一出向いた。しかし、就労経験があるにもかかわらず、ビジネスマナーや面接、履歴書の書き方など、Bさんには必要のないことを教えられることもあった。

どこに行っても浮いてしまって、落ち着いた「居場所」や相談場所がない。

ひきこもっていた空白のある期間、自分の年齢、そして性別、いろんな要因で、助けを求めても具体的な道は見つからず、除外されている気が今も無くならない。

中部地方／Cさん（40代後半）

立ち直りたい、でもわからない

〈実は、このメールを送るかどうかずいぶん悩みました。インターネットをどこまで信用すればわからなくて、怖くて。でも、引きこもりから立ち直るきっかけが欲しいと思い、勇気を出してメールをする事にしました。〉

そんなメールを寄せてくれたのは、中部地方に住む40代後半のCさん。大手メーカーを20年余り前に退職して、ひきこもった後、バイトしたり辞めたりしながら、再び7年にわたって「ひきこもり」状態の生活を続けている。

2015年秋、筆者の拙著『大人のひきこもり』を読んだのがきっかけで、「どん底から這い上がりたい」と、助けを求めてきた。

Cさんのメールは、こう続く。

〈「このままではいけないけれど、どうしたらよいかわからない」

それが私の今の正直な気持ちです。経済的にも親に頼っている状況で、今後の事を考えたら、なんとか引きこもりから立ち直りたいです。

それでいろいろ調べていて、池上様の記事にたどり着きました。

このメールをきっかけに、引きこもりから立ち直る糸口を見つけられたら、と思っています〉

Cさんは、対人恐怖と人間不信に陥っていて、人との距離の取り方や付き合い方にも問題があったことに気づき、今は試行錯誤している。なんとか親元を離れ、自立への第一歩をつかみたいと模索していた。

〈収入の要のお仕事に関しても、入社数年で会社員を辞めて以降、再度社員として働く自信が持てなくなってしまって、バイトや事務派遣の仕事をポツポツとする感じでした。同時期に神経症（今は強迫性障害というそうですが）の治療を受けていたのですが、今思えば薬の副作用でも仕事に支障が出ていたと思います。〉

Cさんには、相談できる友人は1人もいない。これまで筆者にも「会うのは難しい」と言い続け、列車に乗ることもできなかった。

今年になり、やっと湖の淵から這い上がってきて、自宅の最寄りの駅まで訪ねて行った筆者と会えるまでになった。

「いい子」信仰にとらわれて

物心ついた頃から、母親の気持ちを察して、「いい子にならなければいけない」という気持ちが強かった。

子どもの頃、喘息を患っていた。6歳のとき、知らん顔して寝ている父親の傍らで、母親はCさんを背負って医師の元に連れて行く途中、転んでしまった。Cさんは申し訳なく思ったことを今でも覚えている。そのときから、「いい子にならなければ……」の思いを強く持った。

中学は公立だったが、ちょうど管理教育と校内暴力が話題になった時期だ。Cさんの通っていた学校は厳しくて、毎日、宿題の提出を求められる。教師は、男子生徒の頭を壁に打ちつけたり、暴力を振るったり、体罰が横行していた。

当時、不登校の選択肢はなかった。学校に行けなければ、人生は終わりだという空気があった。

Cさんは、手抜きができないから、宿題をすべて一生懸命頑張った。学校でもいつも緊張していて、軍隊調の指示に、顔が引きつっていたという。

バカがつくほど真面目に先生の言うことを聞いていた。周りを怒らせないように、ひたすらいい子。言うことさえ聞いていれば、周りが丸く収まる。決して怒られることはない。

「真面目に対応しすぎた」。それが疲れた原因だと、今になって振り返る。

Cさんは、いじめの標的にされないよう、強くなりたい一心で、自分の本来の限界を無視して突っ張った。剣道部に入部したのも、そのためだ。しかし、顧問から竹刀で思い切り頭を叩かれた。以来、糸が切れて、剣道部を辞め、二度と剣道の面を被ることはなかった。

すでに中学時代にエネルギーを使い果たして、うつ状態になった。

高校は、「そこそこに入れる」私立高校に合格した。高校に入った頃から、母親は、「あなたは、何をやってもダメな子だ」と言い始めた。部活をやろうとしないし、勉強もしない。家族全員から、精神的虐待を受けた。

セクハラが蔓延する会社

高校を卒業して、いったん就職が決まったものの、会社の方針に合わないと感じて辞退。求人誌で見つけた大手小売店の契約社員として営業アシスタントの仕事を経て、大手メーカーに正規社員として入社できた。

大手企業の会社員だった父親から、「大手企業に入れ。会社は大きくなければダメだ」と口酸っぱくして言われていた影響もあり、そうしなければならないと思っていたのだ。「もうダメな子と言われたくなかったし、部活を辞めていた負い目もあったので、履歴書に傷をつけたくないから、退職金が出るまでは頑張ろうと思っていたんです」

ちょうどバブルの全盛期だった。

ところが、その会社は女性を数多く採用するものの、男性社員のための性の商品として見ているかのような古い体質の会社で、女性に対して〝寿退社〟を推奨していた。先輩の女性社員たちは、23～24歳くらいになると、次々に結婚して辞めていく。Cさんは、20代前半にして、数多くいる女性社員のうち上から数えて3番目くらいの〝お局様〟だった。

女子社員たちは、男子社員たちから、胸やお尻を触られたり、「結婚しないの？」「女は、家庭を持つのが幸せなんだ」などと聞かれたりする、セクハラはしょっちゅうだった。

今考えれば、女子社員から見れば、会社の名前だけ聞こえがよくて、〝ブラック企業〟みたいなものだった。

Cさんは、ショートカットにズボン姿で、上司から「坊や」と言われるくらい、色気もそっけもなかった。「お茶くみばかり押しつけるのは、やめてください」などと意見したこともある。

「会社を辞めようと思ったきっかけは、疲れちゃったんですよね。会社員として仕事していること自体、合わないのをずっと我慢してやっていたんです。人間関係も、対人関係の不安をずっと抱えて、ビクビクしながら働いていたことにも疲れたんです」

Cさんは、無理やり頑張ってきて、壊れてしまったという。

「そんなに長いことといられないなと思いました。仕事は、一度覚えればできる単純作業で、進歩がないし、先が見えない。ただお金を稼ぐ、と割り切るだけならいいかもしれないけど。

私がたぶん、社会人としてやっていくだけの精神的成長がないまま出ちゃったので、自分が未熟だからやっていけないと感じていました」

自分は空っぽ

会社を辞めたとき、ちょうどバブルが崩壊した頃だった。仕事が極端になくなりつつあったときだ。

ただ、Cさんは当時、正規社員での仕事は望んでいなかった。これからはバイトでもしながら、自分の好きなことをしたいと思った。

「好きなことはなかったんですけど、とにかく自分らしく生きたいという気持ちが、あのときからあったんです」

ところが、一度会社を離れて、家の中に入ると、復帰する自信がなくなっていた。会社を辞めてから、まず数年にわたってひきこもった。

その後、掃除のバイトに就いて、1年間、店頭で販売のパートをした。

しかし、また疲れ果てて、うつ状態になり、再びひきこもった。

その間、バイトや派遣に就くこともあったが、断続的で、職場に行くと、めまいなどがして体調を崩すという繰り返しだった。

そのことがトラウマになり、新しい職場に行っても、具合が悪くなるのではないか。ああ無理だなと思って、出られなくなってしまった。

その頃、求人情報を見ると、パニックになった。

「いや、次は、この仕事しようというのが、選べなくなっちゃて……。何をすればいいのかわからない。どうしよう。もうダメだという感じです」

そうしているうちに、ある日突然、自分が何をしていいかわからなくなった。その後、仕事を探すこともできなくなった。以来、7年ほどにわたって、ひきこもる生活に入った。

ひきこもったきっかけは、生きづらさ。ストレス。いろんな本を読んだという。

「とにかく自分がないなと思った」

社会人になってから、そんな自分の空虚感の重さや、大人になりきれない自分にもコンプレックスを感じた。自分が空っぽ。着たい服さえわからない状態だったという。

消される存在

基本的には、抗うつ薬のせいで眠れなく唸り、昼夜逆転の生活になっていた。真夜中に、携帯でチャットしていた。

両親は、「ひきこもり」する娘の存在を近所や親戚にも隠していた。

「誰かに言ってはダメだ」

Cさんも、そう口止めされた。

最近、2度にわたり、父親に部屋に押しかけられて、首を絞められるなどの暴行を受けた。「身体的虐待」だ。

つらかった。

〈私は家族から支配というかパワハラをされているんだな、と改めて気付きました。私に対して「すべてお前が悪いんだ」と言う家族がいます。〉

〈私も「自分が悪いんだ」と幼少期からずっと思っていました。この家では、ありのままの自分を認めてもらえなかったからです。

でも、最近、いろいろな現実が見えてきたのです。私は、家族のサンドバッグにされている事にやっと気づきました。家族は、自分に不都合な事があると、弱い立場の私に八つ当たりをしてきます。

あと、私が家族に自分の意見を言おうものなら、それを頭から否定して押さえつけます。私個人を認めようとしないのです。〉

Cさんは、メールで「家を出て自立をしたい」と訴える。

〈ハードルが高すぎて、私1人では無理な状況です。それに、私は怖がりで神経質な性格で、一人暮らしが怖い気持ちが強いです(▽_△)人づきあいもうまくできませんし…。

このまま実家にいては、自分がダメになる、と最近つくづく思うのです。いろんな面で、親や実家から自立がしたいです。

だけど…20代の頃から今まで、実家から自立しようといろいろと頑張ってきたけれど、上手くいきませんでした。自立してやっていく自信がなかったし、怖かったのだと思います。心理的に母への依存心が抜けていなかったと自己分析しています。

これまで、家族や他人に合わせて生きていたせいか、「自分がどうしたいか」が本当にわかりません。これまで就いた仕事も、自分がしたくて選んだ物はありませんでした。「自分自身を生きて来なかった」今はその事がやっとわかってきた所です。〉

やっと自分を取り戻せたというCさんは「自由なんてなかった」と振り返る。

自分を取り戻したその先に

自分の言葉で自分のことをこういうふうに話したことがなかった。話すことさえ困難だった。自分が自分ではなかった。やっと自分を生きられている感じ。やっと人生が始まったという感じがする、と語る。

ここ何年も、ずっと苦しかった。「今日は外出するぞ」と覚悟を決めて出ないと、身支度するにもすごく時間がかかる。

汚いものがダメ。服に触っただけでも手を洗う。こういう所に座っただけでも、ズボン取り替えなきゃダメかなと思ってしまうあの家の環境では、社会復帰するのが難しい。

「それって、虐待じゃないですか？」

そう言われた瞬間に、胸の中のつっかえがぽろっと取れたという。

ここまで積み重ねてきたんだなと思う。ここからなんとか枝葉を伸ばしていきたいと、Cさんは話す。

「私も社会復帰しないといけない。みんなと同じようにしないといけない。収入を得ないといけない。ああしなきゃ、こうしなきゃ……」

Cさんは、自分の心なんて、まるっきり無視して頑張ってみて、結局、失敗するという繰り返しだったという。

「私にはもう、何も残っていない」

なんでこんな目に遭わなければいけないのか。

でも、Cさんは、ここまで来るのに必要なプロセスだったと、今なら思える。

生活のために働かなければいけない。社会に出なければいけないとなると、薬や医師にも頼らなければいけない。

〈まずは金銭的に自立がしたいです。自分で稼げるようになりたいです。現実問題とし

ていつまでも親に頼る訳にはいかないので、まずはここから解決していきたいと思っています。〉

母親から、こう言われた。

「お金はお母さんが払うから、家から出ないで」

やはり、親は、自分のそばにいてほしいということのようだ。

それでもCさんは、自らの潜在力で、「金銭的自立」のための情報収集を始めた。Cさんが求めているのは、自分の意向に沿って伴走してくれる社会の理解者とのつながりや支えだ。

これからの親と子の高年齢化を見越して、それぞれの状況や背景に合わせたライフプランをどのように構築していけばいいのか、その道筋を求めて、Cさんと同じような本人たちのからの相談も最近、増えてきている。

関西地方／Dさん（30代）

働くことの前に大切なこと

「自分はひきこもりやっていう自覚はなかったんですが、社会からすると、そういうことなるなって気づいたんです」

　そう明かすのは、関西地方で1人暮らしをしている30歳代のDさん。今まで勤めていた会社を一昨年、退職した。以来、仕事をしていない。

「また働き出すことができると思っていたんですけど、就活をしようと思っても、研修に行っただけで、息が苦しくなって帰ってきてしまう。初日だけ頑張るけど、家に帰ると、ものすごく動転してて、次の日に行くのが怖すぎて行けない。自分は、そんなふうではないと思っていたんですけど、うまくいかなくて……」

　厚労省が運営しているサポステに行って、自立訓練施設を紹介してもらった。しかし、Dさんはもともと、学校でも職場でも、居づらい感じがしていた。

「家に帰って来てから、過食とか自傷とか、自己破壊をやっちゃうんです」

　働いているときでも、土日はぐったりして動けなかった。

　職場ではない自立訓練のようなところへ行っても、終わった途端、食べたくなる。自傷などの激しい反応が起きる。

「人アレルギーみたいな感じで出ちゃう」

「人と関わるのがダメなのかな」と思った。

今は「働きたい」というよりも、人といて「安心できるようになりたい」気持ちが強いという。

自分の感情が、人といるとよくわからなくなる。感情がわからなくなっていることさえ、長く気づかなかった。

「人といて、明るく振る舞っていると、楽しいような気がする。でも家に帰って、憂鬱になったり、後でムカムカしてきたり。何が原因なのかわからない。よく考えてみると、あのとき言われた一言に、腹が立っている。感情が出てくるのが遅かったり、身体感覚としてしか出てこなかったり……。そんな遠さがある」

仕事を辞めてから、そんな自分の感情が、少しずつ出てくるようになった。特に、付き合っている彼に対して、怒ったり、不機嫌な態度をとったりできるようになった。人のいるところでも、しんどいと思うことができるようになった。

「カウンセリングみたいに、自分の気持ちをわかってほしいと思い過ぎてしまって、それでしんどくなることが多い。自分の気持ちを言いだすと止まらなくなって、相手なりの違う解釈をされると、自分が消えてしまうみたいな感じがあって、自分がわからなくなってしまうのです」

だから、「内面を出したら、傷つくからダメ」とどこかで思っていた。関係を持つことに必要な「基本的な言葉になる以前の何か」がない。

「人と関わるなら、自分がのみこまれてなくなっちゃうか、関係を避けてしまうか、どっちかしかないみたいな感じが、子どものときからずっとあるんです」

頼りたい気持ちと消えてしまいたい気持ち

家にいるときも、自分が消えそうな感じが、ずっとしていた。

ベッドから出られなくなったり、「死にたい」と思ったり、そんな感覚でずっと寝ていると、気分が悪くなる。

自分がやろうと思ったことを行動に移そうと思った。できる限り、正直にものを言う。すると、働くのがもっと遠くなった気がして、無力感のほうが強くなった。

小学校の頃から、教師に自分が嫌われているのではないかと感じた。同級生と、どういうタイミングで何を話したらいいのか、わからないような気がした。

「自分がコミュニケーションだと思った一言が、相手を傷つけるんです。皮肉を言っちゃう子どもだったんです」

学校に上がって周りを見たり、テレビを観たりして、どう振る舞えばいいかを勉強するような感じだった。

そういうことにほとんどエネルギーを使っていたので、友人と一緒に遊びたいとか楽しいとかという感じもよくわからなかった。ただ、学校での居づらさは、勉強ができたことで免罪符になる感覚だったという。

中学校を受験し、高校も進学校だった。大学も合格したものの、偏差値が高いところを選んで入っただけで、将来どうしたいかを考えていたわけではなかった。

文系に進もうと思っていたのに、担任から「理系にしたら」と勧められて、理系の学部を選んだ。周囲から「～にしたら」といわれると、「自分もそうなりたいのかな」って思ってしまうところがある。

「10代の頃は、内面がないというか、自分で自分のことを感じたり、考えたりしてもいいと思っていなかった。そういうことは必要ないし、他人に喜ばれないと思っていたんです」

大学時代、当時付き合っていた彼と親密な関係ができて不安になり、「依存のような関係」になった。つらくなって、大学を3年間休学する。

出遅れたスタート

しかし、3年という時間があっても、自分がどうしていいかわからず、不安になって大学に戻った。

大学は6年制だった。単位を落として留年もして、休学も含めると、大学を卒業したときには、30歳近くになっていた。

就活を積極的にしたわけではなく、公務員になった。しかし、1日に何もしない日が定期的にあって、「何も仕事をしてない日があるのにお金をもらっていいのかな」と疑問に思ったことが、しんどかったという。

「学校では、いい成績を取ったり、ホメられたりしたことで、何とかやっていた。自分がいなくてもいい人間なんだという感じが強くなってしまって……。学校にいた頃より、うつみたいな感じで、これが一生続くのかと思うと、しんどくなって……」

その後、アルバイトを転々としたものの、どこに行っても、しんどい感じが拭えない。環境よりも、自分のほうに問題があると感じた。

実家に戻って、ひきこもりたいと思った。しかし、親からは拒否され、1人暮らしを続ける。家賃などの援助はしてくれるものの、家には来てほしくない感じだった。

実家に関わると、自分も家族も、よけいにしんどくなる。だから、1人になるしかなかった。

「誰もいないところにいると、自分がいるような感じがして、楽になるみたいな気持ちがある。だから、誰もいないところを散歩に行くと、生きている感じがします」

誰にもわかってもらえない

しんどさを話し合える友人はいない。内面について話をしようとすると、まったく通じなかった。

どこに行っても、自分の居場所感がない不安を拭えないため、自傷行為で自身の存在を確認するようになる。

「自分の思っていることを他人に言うのが、すごく怖い。否定されるんじゃないかって。過去に他人から言われた嫌なことをずっと思い出している。でも、誰かにわかってほしいと思っています」

他人が受け入れられない。ふだんの人間関係では、相手が共感的に聞いてくれようとしても、その人が他人なら違いが出てきて、その小さな違いにも圧倒されて、自分が消される感じがするという。

「伝わらなさは、表現力ではなく、自分の不確実さ。他人に他人なりの理解をされることが耐えられなくなるんです」

このような他人との関係性を適切な距離で作ることが苦手で、「普通になりたい」と話す。でも、関わった人は、自分の感情を100％わかってくれないと不安を感じることがあるともいう。

仕事と関係性は地続き。家族の中でも娘の役割を振られ、役割や演技の向こうに、働くということがある。まともになりたいとは思うけど、「普通ではない」「人間ではない」と自分を見つめてしまう。

働いていないこととは別に、具体的のない罪悪感がいつもあって、それが息苦しさの原因なのではないか、と言う。

そのためにはまず、今付き合っている彼との関係を練習台にして、相手と自分が違っていても、受け入れてもらえるという感覚を身につけたいと、Dさんは考える。

関西地方／Eさん（40代後半）

地域ぐるみのシカト

義理の母親と実の母親との関係が悪く、その苛立ちがすべて自分にきていたというのは、40歳代後半のEさん。

ご飯を食べても、すぐに自分の部屋に戻る感じで、一家団欒というかたちも経験したことがなかった。母がよそ者だったため、そこの子どもというフィルターで、地域全体に受け容れてもらえない疎外感があった。

その後、Eさんは結婚して家を出るものの、うつの傾向が強く出て、最も苦しんでいたときに、夫の意向によって離婚した。元夫が再婚すると、慰謝料もなくなり、経済的にも貧困状態に陥った。思い出のウサギとマイカーだけが最後に残った自分の家族だった。

生まれてから大学時代までは、とある田舎で育った。卒業後、7年ほど勤めた後、結婚した。

以前住んでいた家は、強制立ち退きに遭い、大学時代に住んでいた街に転居した。Eさんが実家に戻り、結婚・離婚の後、合計20年以上離れている間、まったく違う街になっていて、自分の居場所がどこにもなくなっていた。

振り返れば、当時から、学校にも家庭にも居場所がなかった。

他の地域で生まれた母親が父親と結婚したときから、祖父母は「そんなよそもんを息子の嫁にはさせたくない」などと言って、母親との折り合いがうまくいってなかった。それでも、負けず嫌いな母親は、何とか頑張っていた。

しかし、この地域は、他から入ってきた人を受け容れない土地柄で、「あそこんちの母親はよそ者だ」「●●さんちの○○ちゃんとは遊んじゃあかんで」などの信じられない風評が、親同士のネットワークを通じて広められていた。

Eさんは、幼稚園に入った時点で、阻害されていた。幼稚園や小学校でも、先生自身がそういう話を聞いていたのか、みんなが折り紙を折っているときに、外でブランコに乗っていても何も注意されなかったり、遠足に行ったときに1人でご飯を食べさせられたり、班行動に入れてもらえなかったりして、放置されることが多かったという。もし本当なら、地域ぐるみのいじめということになる。

もともと学校の人数が少ない地域だったため、小学校も中学校もほとんどクラスメートが変わらず、友人や相談相手もいなかった。

祖母との仲が悪かった母親は、そのときのイライラをEさんに八つ当たりした。母親の「お前みたいな人間を好きになる奴はいない」「お前は嫌われて当然だ」といった罵倒や八つ当たりを止めるには、「ママ、ごめんなさい」という魔法の呪文を連呼することしかなかった。一方、祖父母からも、うっとうしがられた。

父親は仕事が忙しく、夜遅くならないと帰ってこなかった。その父親は、音楽を聞くならクラシックやジャズにしなさいと言って、当時流行っていたピンクレディーを聞いてはいけない、「ベストテン」という音楽番組も見てはいけないとしつけられた。だから、学校に行くと同級生からは「どうせ知らないんでしょ」と除外された。

負の連鎖

中学時代は、Eさんの机といすが、いつも教室の後ろの隅っこに置いてあった。席替えをしても、後ろの端っこ。しかし、トイレに呼び出されるなどしてはっきりといじめられている子は別にいた。いじめ対象にもならない「空気」扱いで、「あそこの子いないよね」みたいに言われていた。

家に帰れば、母親からぐちぐちと嫌味を言われる。そのたびに、Eさんは、「ママ、ごめんなさい。ママ、ごめんなさい」と繰り返したという。

「兄貴はワガママ傾向が強く、自分の言うとおりにならなかったら何か言われるとすぐにぷいっとどっか行ってしまう。その分、母親のイライラが私にくるんです」

母親に呼ばれたら、飛んで行かないといけなかった。遅いと怒られるからだ。何かに熱中しているときでも、母親が言っていることを聞き逃さないようにしなければいけない。

高校に入るまで、お小遣いをもらえなかった。理由は、「あんた、あげたらすぐ全部使うんでしょ？　じゃあ、あげない」と言われたらしい。

「お金を貯めて好きな物を買うということが今でもできない。お金入ったら全部使わなきゃ、早めに使っとかなきゃ、ママにとられちゃうと思っちゃうからです。今も貯金できない。お金を何ヵ月か貯めて、何か買うというのができないんです」

ご飯は作ってもらえるものの、父親が1人で働き、祖父母も同じ食卓を囲みながら年金は渡さなかったので、ご飯といっても、毎日、キャベツの千切り、ハム1〜2枚、豆腐しか入っていない湯豆腐にご飯1膳くらいの簡単なものだった。

テレビが置いてない台所に、「ご飯よ」のかけ声で集まり、食べ終わると、みんなすぐに部屋に戻っていく。「家族団らん」というのを経験したことがない。Eさんは、家族そろって食べるご飯が嫌いだった。嫌な人たちとご飯食べるくらいだったら、1人で食べているほうがいいとさえ思えた。

地元から少し離れた高校に進学すると、母親がよそ者だということが関係なくなり、普通に友だちができた。

その一方で、大学で家を離れるときは、母親から離れると何か怖いことが起こるのではと思っていた。監禁されていた人たちが外に出られなかったのと近い「洗脳状態」のように思えた。

新しい奥さんが欲しい

大学を卒業後、会社に入社して働き始めたものの、3ヵ月くらいで辞めてしまう。その後、職場で知り合った元夫と結婚することになる。

結婚すると、実家を出て、祖父母が住んでいた家をリニューアル。夫婦2人用の家に改築した。

ところが、Eさんは突然、イスにも座れず、床の上に寝そべっている状態で、ご飯も作れなくなった。

心療内科に行ったところ、「かなり重度なうつ病」と、診断された。これまで踏ん張っていたものが急に崩れて、体重も1ヵ月で25キログラムも落ちた。1週間ごとにジーンズを買い直したり、下着も何もかも小さいのにしないと合わなくなったりした。

うつ病と診断され半年くらいして、夫から「やっぱり耐えられないから。新しい家に、新しく明るい奥さんが欲しいから」と言われ、離婚の申し入れがあった。うつ状態にあったEさんはそのとき、「いいよ」と、うなずくことしかできなかった。

結局、夫から離婚され、家を追い出されたEさんは、現在の地方の観光地に引っ越した。

「うつに関しては、結局小さい頃からあった気がします。結婚したときもノイローゼ状態でした。今思えば、親がそういうのを知っていれば、気をつけていれば、学生時代になんとか治ったはずだと思います」

離婚してからは人と生活したいという概念が完全になくなった。働いている間は、人に対して笑顔ができる、しかし、自宅に帰ってくると、その反動が一気に訪れた。

離婚したことを心療内科医に相談したら、「じゃあ自分を頼って生きる方法を考えようか」とアドバイスされた。1人を楽しめる人は、誰と一緒にいても楽しめる。逆に、1人を楽しめない人は、誰といても楽しめないという教えだった。

離婚してからは、週6日くらい働いた。

元夫からの慰謝料は、月6万円送ってもらっていた。ところが、3年くらい前に、夫の側に再婚が決まると、離婚するときに決めていた、どちらかが再婚するまで続けるという話も「もう（慰謝料を払うのも）終わりだね」と言われた。

人間の連絡先はいらない

その後、今まで心の唯一の拠り所だった、約9年間飼っていたウサギが急に亡くなった。Eさんは家族としてかわいがっていたウサギが亡くなったのをきっかけに、自宅にひきこもるようになった。

「他の人から見たら、たかがウサギのことと思うかもしれませんが、死んでしまったときには、自分は動けませんでした。普通の人が夫や娘とか一番大切な人間を亡くしたときと同じ、自分にとってはかけがえのない家族なんです。自分が生きていてもいいのかが問題でした。忙しいときは思わないけど、時間があると、ふと考えちゃうんです」

カミュの『異邦人』の中で、「人生は生きるに値しない」というセリフがある。Eさんは、思った。

「今から死ぬか、30年後に死ぬか、それなら別に5日後に死んでもいいではないか。働き始めていたから前を向いているはずなのに、また後ろを見ている感じ。働いているときは、完全に頭の中のスイッチが切り替わっているので普通に働けます。でも、帰り道になると、老人が歩くように、背中丸めてつんのめりになりそうながら、つらくなるのです」

ひきこもっていると、何もしたくなくなる。外に出たくなくなる。外に出ないのが当たり前。バッテリーがあがらないように車をちょっと動かすくらいになってしまった。前は少し遠いところまで写真を撮りに行っていたりしたのとまったく違う状態だ。

これで今はバランスを取っている。スイッチがオフになると、寝るしか選択肢がない。

「どっちみち、自分の最期は、自分で始末をつけたい。未来に希望はない。生きる気はあるの？　と自分に聞いても〝ない〟状態」

Eさんは、実家とも結婚生活も、関係性が破たんした。人とのつながりが薄れている社会なのだろうか。

「スマホの連絡帳に、個人名は入れたくない。勤務先とか市役所の番号はいい、人間の友だちとか知り合いの連絡先はいらない」

それが今の心境だという。

唯一の家族だったウサギがいなくなった今、自分にとっての家族は、古い愛車しかない。いつ壊れてもおかしくない25年物のトヨタ車だ。

何にすがればいいのか

そんなEさんから、最近、近況を知らせるメールが届いた。バイトで働き始めた土産物屋も辞めて、「ひきこもりに戻る」のだという。

〈さて、この度、またひきこもりに戻るつもりです。

仕事は別に嫌でもないし、失敗も多い新米ですが、

中国人客に耐えきれなくて辞めます。

(中略)

生きて行くには、あまりに辛すぎると気が付きました。

3代目のウサギを飼って、その子が寿命を迎えるまで、

生きていられるのかどうか、わかりません。
今なら、死ねる、とそればかり思っています。
とりあえず、仕事は精神的に無理なので、今週中には
専務に言って辞めるつもりです。
仕事のミスも多くて、毎日叱られてやり直しを
命じられたりするし、使えないなあ、と
自分のことを振り返ったりするばかりです。

長々とすみません。
また引きニート確定なので、ご連絡申し上げました。〉

第3章

主婦は「ひきこもり」ではない?

主婦を取り巻く環境

「主婦」と呼ばれる人たちの間でも、外側からは窺い知れない、けれども「ひきこもり」と同じ状態に陥っている人々が多く存在することがわかってきている。

筆者は主婦から届くメールの件数が多くなっていることに気づき、そんな「ひきこもる主婦」の実態について、2013年の初め頃から、前出の『ダイヤモンド・オンライン』の連載でも取り上げるようになった。すると、新しい記事だけでなく過去の記事を検索した主婦の人たちから、「私も同じような状況です」「私も自分の人生を生きていない」といったメールが数多く寄せられてくるようになった。潜在的に、かなりの数に上るのではないかと推測できる。

「はじめに」でも紹介したように、筆者が講師を務めていた女性のためのビジネススクール「アイムパーソナルカレッジ」(東京都港区)の卒業生から「クラスにひきこもっている主婦はいっぱいいいた」と聞かされた。

結婚したら会社を「寿退社」し、描いてきた「自分の人生」を諦めて、出産したら働けないと思い込んでいる女性は、今も少なくないという。

「はじめに」で紹介した生徒の40歳女性は、寝床から起き上がれない状態から、同校の長井和子校長の主宰する学校の「コピーライター講座に行きたい」という初めての目標ができて、学校に通い始めた。

「テレビのCMの影響で、〝奥さん、これがあれば、楽ですよ〟と、洗濯や食器洗いで登場するのは、ほとんど女性でしょう。社会からの要求で当然だと思っている。だから、うちの学校では、〝世間の常識でおかしいと思うことを見つけていらっしゃい〟って教えるんです」

長井校長は、そう指摘する。

「女性が外で働くことに夫の許可を得る必要はない。そんなことは日本国憲法のどこにも書いていないんです。〝ガラスの天井〟と言われているのですが、女性は自由に行動しているようで、実は見えない天井がある。そこから外には出られないのです」

夫の口から何かの拍子にポロリと飛び出す「誰のおかげで食べさせてもらっているんだ！」という常套句がある。「よい妻」「よい母」は、男性にとっての都合のいい幻想に過ぎないのに、社会は妻が「ひきこもる」ことをこぞって強制してきたというのである。

そうしたエピソードを基に、週刊朝日で「人との交わりを避ける妻たち」を取り上げた企画も生まれた。そして、2015年1月30日号では、『見えない「ひきこもり主婦たち」』という特集が掲載された。

テレビでも変化が起きた。2014年9月、NHK「あさイチ」が、「あなたも危ない!? 女性SNEP」という特集を放送した。

SNEPとは、東京大学社会科学研究所の玄田有史教授により提唱された言葉で、『Solitary Non-Employed Persons』= Solitary（孤立した）No-Employed Persons（無業者）、つまり、〝社会で孤立していて、就業していない者〟という意味。年齢は20~59歳。仕事をしておらず、2日以上ずっと1人、もしくは家族としか交流のなかった非婚者のことだそうだ。

友人や知人などの対人関係があるかどうかで、SNEPを定義づけしている点は、ひきこもり状態の定義と本質的には変わらない。ただ、女性に焦点を当てたということは、一連の「ダイヤモンド・オンライン」の特集を意識した番組だったと言える。

さらに2015年4月には、『ノンストップ』（フジテレビ系）でも、「ひきこもり主婦」の特集が放送され、ネット上で大反響となった。

「ひきこもり」対象から外される主婦

彼女たちは、たとえ結婚できたとしても、夫や家族以外の人とは心を閉ざし、社会やコミュニティで孤立している。そして、その悩みや課題は、1人で抱え込んでしまうため、周囲や家族からも見えにくい。

数多くの「ひきこもり」に関わる著書がある、精神科医で筑波大学大学院教授の斎藤環氏は、2014年4月7日号の『婦人公論』における筆者との対談の中で、「主婦はひきこもりの対象から外されているけど、そこまで拾っていくと、本当に膨大な数に上ってしまう」と話している。

「パートナーがいるから」「結婚しているから」「子どもがいるから」という外側からの先入観で、心を閉ざしてしまった人たちを除外してしまうと、そうした彼女たちがいまも悶々と抱え続けている「生きづらさ」や「社会への障壁」は、最初から存在していなかったことにされてしまう。

そんなひきこもる主婦たちへの取材は難しい。伝えたいことはあっても、夫に知られることを恐れる人が多いからだ。

関東地方／Fさん（40代）

結婚が地獄のはじまり

関東地方に住む40歳代のFさんは、結婚して仕事を辞め、専業主婦になるとともに、外部との接触が一切なくなった。

夫からは「共稼ぎのほうがよかった」と言われ、小間使いのような扱いを受けるようになり、言葉の暴力（DV）がひどくなった。夫の実家でも、自分の子どもである夫自身と孫にしか目になく、帰省しても自分のことは無視された。

警察に相談したものの、「身体的な虐待ではないから」と言われ、取り合ってもらえなかった。そこで、子どもを連れて逃げてきたものの、調停によって、子どもは夫の元に預けられることになった。自分の実家とも絶縁状態のため1人暮らしとなり、DVによる後遺症で働きたくても働けない状況になっている。

Fさんは、躾が厳しい親の元で育ち、小さい頃から、習い事をさせられたり、勉強にうるさかった。

「小さな頃から耳にタコができるくらい「勉強しろ」と言われ続け、常に強迫観念から逃れられませんでした。どんな教科でもテストで100点を取れずに帰ってくると怒られ、復習するまで見張られていました。

自分が好きという理由で習い事をしたことはなく、すべてやらされていました。全部、親の機嫌を損ねないように、完璧な自分であり続けるようにレールの上を進んでいたんです」

Fさんの父親は、仕事が忙しくていつも家にいない。たまに帰宅した際に、ささいなことで叩かれたりぶたれたりと、虐待とも言える状況に怯えた。両親は不仲だったという。ドラマのような家族の風景は、どこにもなかった。そうした状況で、母の意見に従わざるを得ない、いわゆる〝毒母〟の家庭で育った。

Fさんには、兄2人がいた。母親は、男の子である兄のことをすごくかわいがり、ひいきにしていた。何かとFさんと比較し、「お兄ちゃんたちの運動会は見に行く価値があるけど、いつもビリのFを見る価値はない」と、兄たちの競技を見てすぐに途中で帰ることもあった。

一方で、専業主婦だった母親が、子どもたちに塾に行かせるための月謝を捻出するため、パートをしていた時期もあるという。

「教育関係の面では、とにかくいい学校に行って、いい会社に就職するというのが、うちの母の希望でもあり、夢でもありました。見方によっては教育熱心な母親ですが、私を馬鹿にするようなことを平気で言う。いつのまにか親の前で笑えなくなりました」

財布を握る夫に服従するしかない

「女性の場合は、結婚しちゃえば、仕事に就けなくてもなんとかなるから……」

〝ひきこもり〟界隈の取材をしていると、その道の専門家から、時々、そんな話を聞くことがある。

Ｆさんの場合は、高校卒業後、家庭の事情で就職することを余儀なくされ会社に勤めていたが、パワハラに遭い、そこを辞めざるを得なくなった。その後、接客業のパートやアルバイトで生活していたものの、

「給料は、母親に生活費として全部持って行かれて、私にはお小遣いとしてほんのちょっとしかもらえませんでした。母親は私が稼ぐお金をあてにして、まったく働いていなかったんです」

母親のための生活費を稼ぐ存在になっている現実が辛くなり、その支配下から抜け出すべく家を出ることにした。東京で仕事に就き、１人暮らしを始めて数ヵ月ほど経った

頃、知り合ったのが夫だった。

結婚については何度も躊躇《ちゅうちょ》してやめようと思ったという。ちょうど仕事が油に乗ってきたところで、掃除や洗濯、皿洗いなどの家事をしている自分の姿が想像できなかったからだ。一方で、もう頼りにできる家がなかったため、結婚もいいのではと思った。

さらにFさんに拍車をかけたのは、夫が一人っ子だったため、過保護な向こうの家に「付き合っているんだからそのまま結婚しなさい」と無理やり結婚するよう押しきられたことだ。

「でも結婚式の招待状を送った後、急に怖くなったんです。マリッジブルーだったのかもしれません。この人と一緒になって大丈夫なのかとずっと悩みながら、どよーんとした気分のまま、式を迎えたのです。結婚する前から、不吉な感じでした」

Fさんの、その不安は的中した。夫が毎月いくらくらいの収入があるのか、情報共有されることはなく、家庭の財布を一括管理しているのは、夫だった。Fさんは、毎月、そんな夫から〝これくらいあれば生活できるだろう〟と、お小遣いをもらって家事をしていた。

「今月どれくらいもらえるのかな、と思うのも変だけど、いつもお金のことが不安でした。〝生活費として、このくらいいただけないのでしょうか？〟と、お伺い立てていたんです」

このように夫が妻に収入を教えず、自分の裁量で生活費を渡しているような家庭は少なくない。だから、妻も、社会に出て新たな収入を得る道を探ることが必要になる。

夫と夫の実家からの執拗な攻撃

Fさんは、もちろん働けるならば働きたかった。しかし、もともと得意ではない家の中の家事一切をすべて任せられ、さらに非協力的な夫の態度もあいまって、もう一度、働こうという気力がどんどんなくなってしまった。

結婚して2年後、1人目の子どもを身ごもるものの、流産してしまう。親戚からは「ようやくできたと思って、喜んでいたのに、なんてこったい。早くもう1人できればいいのに」などと嫌味を言われた。

その後、Fさんは、2人目の子どもを妊娠した。

けれども、夫の態度が一向に変わらないことに不安だったFさんに対し、周囲の人たちは、「子どもが生まれたら変わるよ」「きっと温かい家庭になるよ」などと、おためごかしのような言葉で励ました。

ところが、妊娠中であっても、夫は家事など手伝うことがなく、助けを求めても

「なんで俺が、こんなことやらなきゃいけないいんだよ」

「なんで俺が、買い物しなきゃいけないいんだよ」

「なんで俺が、一生懸命頑張って働いているのに、（Fさんは）横になってるだけだろ」

などと「家事をやらない」ための言い訳ばかりしていた。

妊娠中の吐き気や食欲不振に襲われる「悪阻《つわり》」で、ゲーゲー吐いているときでさえ、心配する様子も見せなかったという。あまりにもその状態がひどく、入院したいとFさんが訴えても「お前にお金がかかることは絶対させない」と言われ、家の中で辛さを耐え忍ぶ状態が続いた。

無事に2人目は出産したものの、Fさんと夫との関係は、日常会話などでも何も話すことがなくなって、冷めた状態が続いたという。結婚したときからだんだんと、血の通った人間とは思えない仕打ちや言動が多くなった、

「夫の手伝いもなく家事もやり、子育てもやった。さらに肝心の夫には無視され、そん

な状態にいたら自分がおかしくなっちゃう。子どもと一緒に夫の田舎に帰省したときには、おばあちゃんに〝あんたがしっかりしないで、誰がしっかりするの?〟と責められました。〝早く、ミルクの時間だよ〟〝おしっこしたんじゃないの、早く取り替えなさい〟などとただでさえ自分も気を遣っているのに延々口出しされる」

向こうの実家の孫への執着はすさまじく、帰省している間は常に監視されている状態だった。

「孫のことは、すごくかわいがって。何かというと、子どもの好きそうなおもちゃ、お菓子が送られてくる。わざわざ、こんな留守電まで入れられていました。〝届いたかい? 届いたんだったら、電話1本くらいよこしなさいよ!〟って」

そうしたことが積み重なり、Fさんはうつ病になったという。ママ友もいなくて、家族以外との接点が、どこにもなかった。

ママ友から嫌がらせを受け「親の不登校」に

Fさんは、子どもが幼稚園に通っていたときに、こんないじめを受けた。

「幼稚園のママ界を取り仕切る、ママボスに目をつけられました。ランチの誘いを1回断っただけで、あからさまに陰口を言われるようになったんです。それ以来、他のママ友たちの態度が急変して、まったく無視されるようになりました。子どもにも危害が加わるようになって、嫌がらせを受けたりしました」

Fさんの住んでいた地域では、そのまま小学校にも同じクラスメートが進むため、保護者会のメンバーも幼稚園のときとほぼ同じメンツだった。

Fさんは、親の立場ではあったものの、子どもがいる学校に怖くて行けなくなり、保護者会などにも参加できなくなったという。

その頃は、家にも外にも居づらい状況で、何かを話す会話相手がいなかったと振り返っている。

私の生きる意味は何ですか?

「とにかく話がある、ちょっと時間をもらってもいいですか?」

Fさんは、料理をつくったとしても「おいしい」と一言も言ってくれない。そのほか掃除、洗濯など家事全般に対する気遣いなど一切なく、自分はまるで空気のような存在で、その家にいる価値がわからなくなったという。

さらにお金を外で稼いでいる自分が1番えらい、という考えの持ち主である夫との生活に耐え兼ね、離婚したいと夫に相談しようとしたものの、取り持ってくれなかった。

「私って、何なんですか？　ただの同居人ですか？」

そうFさんが聞くと、夫はこうふてくされた。

「勝手なこと言いやがって、知るかよ、そんなこと！」

後に、夫には愛人がいて、夜勤を利用して遊んでいたことがわかった。

愛人もいる夫が婚姻関係を解消しなかったのは、自分のプライド、世間体、自身の親との関係を重視していたからだろうと、Fさんは推測する。夫は、世間には「普通の家庭」を装い、誰彼かまわず愛想もいい「いいお父さん」を演じていた。しかし、夫婦の会話は、まったくなかった。

さらに、Fさんは辛い状況に陥る。夫から支給されていた生活費が、突然、がくんと落ちたのだ。夫の給料が下がり、収入が変わったわけではないのに、結婚当初の10万円から1万円に下がったという。

「お前にやる金なんてない。これで上等！」

そんな捨て台詞まで吐かれた。

「別に困らないだろ。あとは、それ使って適当にやれ！」

まるで嫌がらせやいじめのようだった。

子どもへのお小遣いなども捻出しなければならないのに、それすらもができない状態だった。

Fさんは、ストレスが溜まる一方で、土日になると、何をするわけでもなく、駅前に行ってぶらぶらしていた。子どもからは、そんな母親の状態を察して、「何も家のことなんてしなくていいから、外に行ってくれれば」と言われるのも情けなく、けれどもそれにすがるしかなかった。

どこにも居場所がない

その後、Fさんは、この状況と決別したいと自殺を図った。未遂に終わったものの、「もう生きていく力もなくなった」という。

家庭内にも「居場所」がなく、これまでも何度も逃げ出そうと思いつつ踏み切れずにいたFさんは、エスカレートする夫の言動にいよいよ命の危険や恐怖を感じてきた。自分と子どもを守るために、子どもを連れて家を出た。

この間、警察の生活安全課にも相談に行ったものの、「刺された」とか「ぶん投げられて痣ができた」とか「血が出た」とかいった事件性が確認できない限り、警察は動いてもらえなかったという。

「警察より、親身になってくれたのは、役所の専門相談員でした。〝大丈夫かい？ このままだったら無理だよ。生きられないと思うから、帰ったらすぐに必要最小限の荷物まとめておいで。あとは全部置いていきなさい〟とアドバイスしてくれたんです。すぐさま逃げることにしました」

Fさんは、家族以外との関わりがないどころか、夫ともコミュニケーションがとれずにいる〝ひきこもり主婦〟のパターンだった。

「結婚生活が人生の中で一番イヤな出来事だった」と、今になって振り返る。

「そもそも実家での親子関係も、子どもとして見られているのではなく、ただの飯炊き女か、生活費を稼ぐ女にしか見られていませんでした。仕事を辞めたときに母親の生活を維持するために〝何でもいいから、とにかく仕事を探せ〟と言われて、〝私の生まれてきた意味って何なんだろう、私も幸せになりたいのに、無理なのかな〟って思い直したんです」

たったひとつの救いの手

役所では、ＤＶ関係の母子を保護する駆け込み寺に、Ｆさんと子どもを一緒に保護するよう手配した。急に家から消えたＦさんたちを探す夫から、携帯電話がずっと鳴り続けていたのを無視して、電源も切った。特に子どもだけを探していただんだろうという。

「でも、その日、〝おまえなんか殺してやる〟と叫びながら、カッター刃を３本くらい持って走ってくる元夫が夢の中に現れたのを今でも覚えています」

担当者は、Ｆさんに精神科を紹介してくれ、診察したところ、ＰＴＳＤと診断された。皇室の雅子さんと同じ「適応障害」という診断もされた。逃げてくる前から動悸も激しくなっていて、心臓病を患っていることもわかった。

そこで、相手に居場所を知られないよう、場所を移動してわからない状況にした上で、住む地域だけでなく、何もかもすべてリセットした。

その後、離婚調停が行われたが、毎回話し合いにもならなかった。夫は、「金は渡さない。親権もやらない。慰謝料も何も払わない。何にもしない。あの女に渡すものなんて何もない」などと主張。Ｆさんは、怒りが爆発したという。

調停は、終局を迎えても、夫は「どうしても子どもだけはFさんに渡したくない」と主張し続けた。Fさんは病気を併発していたこともあり、裁判所に長時間かけて通うだけでも体力的にきつかった。

調査官は、「このまま決まらなかったら、裁判にいくしかない。ここからさらに1年間かかるだろう」と見通しを伝えてきた。

「それに対応していたら、私自身が倒れてしまう」

一向に話し合いがまとまらず、周囲の人間からも弱者であるFさんから降りた方がいいと促され、最後の最後まで粘ったもののFさんの側から、親権を譲るよう妥協せざるを得なかったという。

「相手側が喜んでいたという報告を受けて、悔しいという気持ちでいっぱいでした。弁護士は〝いいですね。今日はまとまってよかったです〟と笑顔を見せて、〝あなたの決断は正しかった〟と言われました。弁護士はこのときはじめて笑顔を見せたんです。面倒な案件が終わってせいせいしたんだと思います。味方だと思っていたのに、最後にわかっちゃったんですよね。私だってどうしても親権は渡したくなかった……」

引き離された子ども

現在のFさんに収入がない以上、仕方のない判断だったのだろう。子どもは、調停に基づき、離婚の成立した夫の元に引き取られた。

「1人になって、寂しいなという気持ちもあります。けれども、ソファで横になっていても罵声を浴びることもない。誰にも縛られずに、今日は洗濯機を回さなくていいやとか、今日は無理だけど明日はやろうとか、すべて家事を完璧にこなさなければいけないという呪縛から、解き放たれた気持ちもあります」

Fさんは、今の自分を見つめて、「だんだん光の中に出てきているけれど、それでも闇の中に自分だけが取り残されているような感じがします」と話す。

調停で交わした子どもと定期的に面会できる約束も、一向に守られていないという。実際裁判が行われてから数年経つものの、直後のたった一度しか会っていない。家庭裁判所にも夫側が違反していると訴え申し立てたが、電話で相手側に注意をしただけだったという。

子どもは今どんな顔をしているのか。それすらもわからないまま、月日が経ち、外に出る気が失われていくだけだ。

Fさんの願いは、子どもの様子を知りたいという一点のみだ。

関西地方／Gさん（40代前半）

結婚すると「ひきこもり」が解決するのか？

「女の人が結婚して、出産・子育て、家庭に入っているというのは、すごく普通なことなのかなと思っていました」

結婚相談所で夫と出会った専業主婦のGさんは、転勤でいまの地域に引っ越してから、近隣の人たちとの関わりがなくなった。ふだん会話している相手は、夫と娘のみだという。

「私みたいな女性って結構いると思う。毎日、スーパーに買い物に行くとか、買い物に行ったお店の人と話すくらいはあるかもしれないけど、それ以外は外にも出ない。いわゆる専業主婦のカテゴリーの中に入っているけど、〝ひきこもり〟と関係性があるかもしれないと聞いて、それって自分自身のことだとびっくりしました」

独身時代、アルバイトをしていたものの、人間関係のストレスなどから、やはり周囲とはなじめなかった。

中学生の頃から、人前で話すのは苦手だったという。

所属していたブラスバンド部の活動でも、緊張で身体が震えるのに悩んでいた時期もある。練習ではなんともないのに、大会などの本番になると震えて、先生や友だちから「どうしたの?」と不思議がられた。

最近になり、筆者のネット上での「社会不安障害」の記事を見て、自分も同じ症状ではないのかと気づかされた。

高校は、1年の2学期に入ってすぐ、16歳のときに統合失調症だと診断され、治療と療養のために中退した。勉強がわからず、友だちもまったくいない状況にいるのが嫌だったという。

「勉強が理解できなくて、教えられても頭に入らない状態でした。中学生のときから、そういうことが少しありました。人の話している内容が頭に入ってこないのです」

クラスの中に「見えない壁」を感じて、友だちができなかったという。周りの友人たちも話しかけてこないし、自分から接することもできない。そんな目立たない存在のまま、卒業せずに学校から姿を消した。

「私は当時、眠れませんでした。睡眠がとれないため、妄想などのメンタル的な症状がひどく、しんどかったんです」

Gさんは学校を辞めた後、しばらくの間、自宅で療養した。

その後、自分の意志で、日常食料品店の販売のアルバイトを始めた。

「結構、ストレスがたまりましたね。お客さんからよくクレームが来ましたし、大学生や高校生のアルバイトが多かったんです。すでに年上になっていた自分は、彼らと話が合わなくて、バイト仲間と遊ぶこともありませんでした」

Gさんはすでに、独身時代から、ひきこもる心理的傾向を持っていたのだと推測できる。高塚教授の分類で言えば、まさに〝ひきこもり親和群〟に該当するのかもしれない。

しかし、識者たちの言うように、そうしたタイプの女性は、結婚することによって「〝ひきこもり〟問題が解決する」わけでも「支援対象ではなくなる」わけでもない。

在宅やフリーでできる生き方を模索

家を出たいという意味で結婚したGさんは、結婚した当初、「家庭に入って、仕事をしないことが、女性にとって、いちばん幸せなかたち」だと思っていた。仕事をするという考えがまったくなかったという。

結婚を機に、勤めていた食料品店の仕事を辞め、専業主婦になった。妊娠し、出産した時期は、しばらく都会に住んでいた。

当時、住んでいたアパートのすぐ目の前には、保育園があった。

「保育園の相談員と話をしたり、園庭開放で遊びに来るママと話したり、まだ社会とつながっている生活だったと思います」

当時は、隣の住民をはじめ、アパートの住民同士の仲もよかった。

しかし、子どもが産まれて少しした頃、会社員である夫の転勤によって、ある地方都市に引っ越した。その地域では、人との関係性がまったくなくなり、すぐに「うつ病」と診断された。主治医も「原因はわからない」という。

子どもを世話することができなくなり、保育園に入れようとしたが、入れなかった。仕方なく幼稚園に入れたものの、ママ友はできなかった。隣の住民との交流さえもなくなった。

「こっちは寂しい。ママ友っていえる人も、できない」と、Gさんは嘆く。

そのまま、特段親しい人ができるわけではなく、

「小学校、中学校と、なんか付き合いづらいみたいなところがありました。話しづらい、

話せない、打ち解けられないいんです。もともと自分が生まれ育ったところや、いろんな人間が集まる東京とはまったく環境が違う。この地域の人たちはきつくて付き合えないと思ってしまいました」

1日の過ごし方は、家事をする以外、特に何もしない。平日の1人の時間は、気が楽というのもあるという。

「外に出るのは、日用品の買い物や病院に行くときだけ。完結された街なので、一度の外出でほぼ用が済んでしまうこともあり、必要最低限しか外には出ません」

ただ、救いだったのは、夫に病気や障害に対する理解があったことだ。うつ病も「夫のサポートのおかげで治った」そうだ。

娘は、母親のGさんに何も言わない。夫からは「たまには仕事したら?」と言われるという。

「昔、アルバイトしていたときの仕事に対して、嫌な記憶が今もあるんです。だったら専業主婦でいたいなと思っていました。でも最近、社会に出たいなという気持ちが芽生えてきて、そういうふうに考えていたときに、池上さんの記事を見つけたんです。不安としてあるのは、このままでいいのか？ という漠然とした将来でした」

もともと「書くことが好きだった」というGさんは、ブログでエッセイを発信していたこともあり、経済的にも、また視野を広げるためにも、「そういう仕事ができたらいいな」と思いを抱く。

今は、仕事をしたいという気持ちがある。組織に入るような社会との関わり方ではなくても、在宅やフリーでできるような、そんな生き方を模索しようと思って、現在はボランティア活動をしている。

東京都／Hさん（30代後半）

パワハラとマタハラで退職勧奨

都内の住宅地に住む30代後半のHさんは、中高一貫教育の女子校に通い、大学を卒業した後、大手企業の正社員として入社。営業の仕事をしてきた。

その後、母親の会社を手伝うために退職。母と2人で忙しく働いてきた。

ところが、母親は身体を酷使してきたこともあって、咳が止まらなくなった。そしてガンが発覚。ステージⅣの告知を受け、会社をたたんだ。

未婚だったHさんは、このことをきっかけに、孫の顔を母親に見せたいと思い、当時付き合っていた男性と結婚。2人の子どもを出産する。

一方で、Hさんは母親を介護しつつ、医療費を稼がなければいけないと考え、新たに薬剤関係の職場に再就職した。

ところが、上の子どもが産まれて7ヵ月くらいで、下の子どもを妊娠していたHさんは、職場で毎日のようにいじめに遭った。

〝お局〟のような同僚から呼び出されると、

「あなたみたいな女性がいると、シフトには組み込めない。もう辞めたほうがいい」

などと、退職を促された。

「理由を聞いたら、育休や産休を取るのがムカつくってなんの……」

「マタハラ」（マタニティー・ハラスメント）である。

これまで、会社の営業の仕事においてはトップクラスの成績を収めるなど、何があっても人には負けない自信があり、そんなことを言われたこともなかった。

しかし、状況が変わって、小さな職場で打ちのめされたことがショックだったのかもしれないと振り返る。

びっくりしたHさんは、すぐに上司に相談する。上司の立会いのもと、三者の話し合いになったものの、すっかり気力の弱くなっていたHさんは自ら「出て行きます」と、会社を辞めることになった。

しかも、上司から

「あなたは今後、一切、就職することはできないと思う。短い期間に辞めるでしょうから」

と、自分が〝社会性に欠けている〟かのように言い渡された。

そのとき以来、Hさんは周囲から〝専業主婦〟であることを強要されているような念に駆られて、ずっとひきこもるようになったという。

「今まで、仕事に打ち込み、嫌なことがあってもめげずに、仕事で見返すんだという気持ちで、没頭してきました。ところが、仕事に没頭してきた自分自身が突然、〝母親〟になり、無職の自分に自信がなくなったんです」

「ママ友集団」がいると公園に行けない日々

特に、「ママ友」という括りの人間関係に、うまく関われなかった。

話が続かない。メールのやり取りが続かない。話をしていても、すでにママ友の輪ができているため、知り合のママ友が来れば、そちらにすぐに行ってしまう。
「周りのママ友は、いまどきの人たちだったので、1年間の育休の後に社会復帰される方か、ずっと専業主婦の方々など、私とは状況が違う方ばかり。自分に中途半端さを感じてしまって、自信がなくなっていた。いつも自分が避けられるような気がしちゃって、居心地が悪くなり、人が集まる場所に行けなくなったんです」

テレビのドラマで聞いたことがある「公園デビュー」についても、「本当にそんなことがあるの?」くらいに思っていた。

Hさんの住むマンションの眼下には、公園がある。ところが、実際、目の前の公園に行くのが怖かった。

「子どもたちは、1歳前後くらいを過ぎると歩き始めるので、家の中だけではもの足りなくなる。公園では、同じくらいの年齢のお子さんを持った方々と話をするのですが、時期を逸してしまって……。すでに輪ができてしまっているんですね。縄張りみたいに、自分の感覚や匂いと違うなと思うと、お母さんたちは離れていく。例えば、子どもたちが遊んでいるときでも、輪のできている子どもたちには挨拶しますけど、そうでない子どもには声をかけてくれないとか……」

自宅のカーテンの隙間から公園を覗き、数人のママ友集団の姿を見つけると、今日も公園に行けない理由を探して、小さな子どもと家にひきこもる毎日。

子どもは「公園に行きたい」と言って、窓にへばりつく。だから、窓ガラスはいつも子どもの指紋でいっぱいになる。

「それでも、ママ友集団が怖いんです。今だけでなく、これから先、小学校も中学校も同じ学区内。いまさら一生懸命頑張って入っていっても無理だし、だったらもういいよねっていう感じになっちゃって……」

買い物は、ネットスーパーを使えば、少し割高にはなるものの、外に出なくても済ませられる。

一方、夫は出張が多く、帰宅も深夜の2時か3時。家庭を顧みることはほとんどなかった。

会話は母親以外とは、ほとんど交わすことはない。そんな毎日が続いていた。

しかし、最近、母親から「パートの面接に行ってみれば？」と言われた。さんざん迷ったものの、母親がそのように言ってくれたのが嬉しくて、勇気を出して面接を受けた。

新しい職場は、Hさんを必要としてくれて、子どものことにも親身になり、理解してくれた。こうしてパート勤めをするようになると、「ママ友なんかいらない」と思えるようになった。

「子どもたちが遊べれば、それでいい」

母親の愛情に背中を押され、面接に行けただけでも、自分の中で何かが吹っ切れた。公園へ行っても、自分たちだけで遊ぶようになった。

すると、不思議なもので、子どもたちと遊んでいるうちに、向こうから寄ってきてくる親子が現れた。

「すごく勇気がいった」というものの、ひきこもり状態から、自ら外に踏み出したとたん、今までと周囲の環境がガラリと変わった。

「命からがら生きている母の声だから、心に届いたのかもしれない。でも、周りの人の愛情が、時に心と体を動かすのかなと思いました。そして、一流でなくても、たったひとつでも、何かを持っている強みを教えてくれた母親に感謝したいと思います」

ひきこもる主婦の姿

今回紹介した3人以外にも、さまざまなケースがある。

職場でのトラブルによって傷つけられ、心が折れて、安全な家庭の中でひきこもる主婦。不登校からの延長で、ひきこもり状態になった女性は、男性から声をかけられて結婚したものの、本質的には結婚前と変わらず、夫が出勤して帰宅するまでの時間帯、ずっと家で寝たきりになっていると話していた。

さらに、夫の転勤などの都合で、親しんだ地域を離れ、新たな居住地で生活せざるを得なくなる主婦も少なくない。

結婚後、共働きしていても、夫の転勤先に付いて行かざるを得ず、退職によって、これまで積み上げてきた「キャリア」を捨て、自分が思い描いてきた人生の夢や目標も、あきらめなければならないことに思い悩む。

子どもと一緒に海外赴任することになった30代の主婦は、夫が長期出張で帰らない中、言葉の通じない異国で、日本人コミュニティの中で孤立し、週に一度、まとめ買いする以外、怖くて外出できなかったという。

主婦は、ひきこもっていても、誰も困らない。夫としても、家族としても、妻には家にいてもらったほうが、事故やトラブルにも遭わないから安心できる。遊びにも出かけられるし、都合がいい。

買い物やディナーなどで出かけないほうが、お金がかからない。

「ひきこもるのは、男性側から見れば経済的なんです」

要するに、〝妻は夫の所有物である〟という強い価値観に縛られ、その枠の中で優等生として居続けようとするために、身動きができなくなっているケースもある。

取材した「ひきこもる主婦」たちはみな、生きづらさを感じている。しかし、彼女たちの姿は、社会からは見えていない。

最近、「保育園落ちた。日本死ね」騒動をきっかけに、シングルマザーの視点から社会参加の課題を考える議論が盛り上がってきている。

共働きしなければ、生きていくことさえも大変な時代状況なのに、妻がひきこもることを周囲がこぞって奨励する仕組みになっているのではないか。

政府は、「1億総活躍社会」をうたっている。そのかけ声ばかり威勢がいいが、それを本気で実現させたいのなら、机上の議論をするのではなく、まずは現場の当事者たちの声に耳を傾けることが必要である。

見えない「ひきこもる主婦」たちの人数や実態も調査して、彼女たちがこれから生きていくために、いったい何が障壁になっているのか。課題をひとつひとつクリアにして検証していく作業が必要なのではないか。

第4章

彼女たちに必要なもの

居場所の現実

ひきこもる女性本人が、そろそろ社会に出たいと思い始めたときに、その入り口となるのが、安心して参加できる居場所だ。

もともと、当事者たちが就労など社会に出る前のきっかけづくりや心の支えになる場として、〝居場所〟の必要性は言われてきた。しかし、これまで行政や支援団体などが用意する居場所は利用者がなかなかおらず、閑散としていることも少なくなかった。

一方で、最近は、当事者たちが自ら通いたいと思える〝居場所〟を開設し、運営するケースが全国各地に増えつつある。

最近誕生した居場所の代表的なものとしては、「ひきこもりプレイス多摩」（東京）や「ひき桜·in横浜」（神奈川）、「リーブル」（福島）などが挙げられる。

最初の一歩を踏み出すのは、誰もがとても不安だ。その場所に行くまでの列車の中、歩く道、その玄関、部屋の入口の前でも、不安でつい躊躇してしまう。

えいやと居場所に飛び込んでみても、周りは楽しそうに打ち解けているのに、自分だけがポツンと孤立してしまうかもしれない。

特に、女性当事者の気持ちに配慮された女性のための居場所となると、なかなか見つからないのが現実だ。

「女性だって、他のひきこもりの人たちとつながりたい。でも、居場所に行っても、女性と出会う可能性がどうしても低いし、女性向けの居場所や女子向けシンポジウムといったイベント自体も少ない」

そう明かすのは、『ひきこもり当事者グループ「ひき桜」ｉｎ横浜』を運営する、当事者であり、スタッフの1人である成瀬さん（39歳）。

前述したように、「ひきこもり」層全体に占める割合は、男性が約7割という調査データから、「ひきこもり現象は男性の問題」と言われてきた風潮がある。

その影響か、ひきこもる状態に陥っている女性は委縮してしまい、たとえ近くに居場所があったとしても行くのがはばかられるという。

行ったとしても他に女性が居なくて、品定め的に自分のことが話題にされたり、セクハラめいた言動の標的にされたり、ナンパ目的で乱入して来た男性から付きまとわれたり、怖い思いをしたという話も聞く。

少数の女性だからこそ、余計に「声が上げづらい」「外に出づらい」「肩身が狭い」という三重苦に苦しめられている。

当事者が感じる、男性との違い

「近隣地域に、ひきこもり当事者向けの居場所が運営されていました。しかし、そこに参加してみると、男性ばかり。女性は自分1人だけでした」

そう明かすのは、ある自助会に参加したことのある女性当事者だ。

彼女が参加した自助会では、その日、「関係性」についての勉強会が行われていた。

「こういう論文が出ているとか学者が発表していることを話し合っていて、難しいことをやっているという気がして。みんな、議論し合っていました。男性は、政治談議が好きなんですね。世の中のこととして、自分の状況を話す傾向が強いのかもしれません」

さらに、

「そこにはたくさん勉強している人もいるんですけど。その人の話を一般的なことみたいにまとめて、確かにわかりやすい言葉で発表してくれるけど、本当は個人的なことを個人的なこととして話すのが、怖いんじゃないかと感じたことがあります。自分の問題を一般化して語るのは、自分がひきこもりの1人であるとラベリングしているからです。

それは自分には馴染みにくい。男の人のほうがそういう意識が強い気がします。私は、〝こういうイベントに参加してきた〟という話より、その人の個人的な話を聞くほうがいいように思いますし、個人的な気持ちを聞いたほうがよくわかるような気がするのですが」

そういう枠組みのある、一般性の上にのっけた形でしか、自分の気持ちが語られない状況に囲まれていると、

「自分1人だけ、アホみたいな気がしてしまう。みんな難しい話をしていて、世の中とのインタラクションの中で自分を捉えているから、自分だけ、自分の感情をいじくりまわしていいてアホみたいな気がするのです」

最近も、支援団体の主催するイベントがあったが、また違和感を覚えるのではないかという不安があったため参加しなかった。

ひきこもり関係のイベントに参加したら、自分も社会に見えるようになるのかもしれないと思った。でもそういうラベルを持った扱いを受けること、そしてそう見られることに、自分がうまく対応できるのか。そうしたことが、居場所での違和感につながっていた。

また、「なんで、そんな元気なのに、ここに来てるの？」と言われたこともあったという。元気そうに見えても、そう明るく装っているだけで、細やかな心のひだまでは理解してもらえない。

「もう少し、幅のある居場所が欲しい」と、彼女は願う。

女性が生涯にわたって仕事し続けていくのを前提としていない〝男性社会〟の先入観も感じる。

「そもそも女性の場合、働くときにも正社員などとの重い仕事が少ない。世の中の空気として、何となくパートやアルバイトからでも働きやすいようなところがある。ひきこもる女性が少ないのは、そういう非正規での働きやすさがあるからなのかなって思っていました。非正規でいたとしても、そんなにおかしく思われない。そのままでいいの？　とは問われることもないですからね」

このように、ひきこもり当事者の居場所に行ってみたら、参加者は男性ばかりだったというのは、ここだけに限らない。全国的に見られる居場所の傾向だ。

では、そんな女性たちが、勇気を出して、声を上げようとか、助けを求めようとか、アクションを起こそうとする場合、どこへ行けば、その気持ちや感情を受け止めてもらえるのだろうか。

インターネットの重要性と脆弱性

まず、注目されているのが、当事者が主体的に情報を収集し選択できるインターネットの役割である。

たとえば、ネット上の巨大掲示板である「2ちゃんねる」には、「喪女板」という板があり、スレッド「【35歳以上】高齢ひきこもり喪女」がある。

ところが、女性たちが不安や日常のさまざまな話題について真面目な書きこみをしているのに対して、おそらく男性や他の冷やかしと思われる人たちから、たびたび心無い茶々が入った。前出の「ひき桜」の成瀬さんによると、

「みんな真面目な、深刻な悩みをずっと書いていて、それは盛況でした。ところが、途中から誹謗中傷や荒らしがひどくなりすぎたんです。外部からの攻撃によって場が荒らされ、本当の大事な書きこみを邪魔され、使いものにならなくなった。他愛もない話もできたくらいの安心できる場ではなくなり、誰もいなくなりました。スレッド自体ももう更新されていません。女性の場合は、男性に比べると、余計に攻撃されるんだと思い

ます」

確かに、「2ちゃんねる」というのは、もともとそういう匿名性が担保された安全な所であるため、覗き見的に面白がる人々が多い傾向がある。ただでさえ、むきになってリアクションするような男性は中傷される傾向があるのに、女性で高齢という人々の投稿は余計に攻撃されやすくなる。

「他にも女性のひきこもりのためのスレッドが1つ、2つ残っているかな。ネット上には、男女関係ないコミュニティはいくつかあるけれど、やっぱり女性が安心していられる場所は少ない気がします。特に高齢で女性のひきこもりになればなるほど、男性に比べて居場所は少ないと感じます」（成瀬さん）

そんな中で、女性限定ではないが、ネット上の安心できる居場所としては、フェイスブック上の巨大掲示板『ひきこもり状態に関係ある人（当事者、元当事者、経験者etc）がシェアしたり報告したりつながったり会ったり募集したり声かけあったりetcするグループ 仮』がある。

この掲示板は、当事者を中心にした管理人が共同運営。男女問わず、さまざまな相談や情報交換をはじめ、全国各地の当事者イベントの告知などが頻繁に行われている。

投稿内容に参加者が傷つけられないよう、複数の当事者や筆者も入った共同管理人が時々、チェックしている。安心安全な場を確保するため、非公開の登録制になっていて、2016年4月1日現在、当事者を中心に約900人が参加している。

また、ひきこもる女性当事者たちが、それぞれブログなどで日々の思いなどを発信しているケースも少なくなく、各地の「ひきこもり」関係のイベントなどに行くと、そうしたブログ主に、出会える場合もある。

始まった新しい試み

リアルな場となると、現在の「居場所」は、圧倒的に男性の割合が多く、女性とたくさん出会える場、ましてや限定されている場はほとんどないに等しい。

けれども、その中で今、女性スタッフが管理人を務めているようなコミュニティは、女性の参加者数も少しずつ増えている傾向があるようだ。

たとえば、成瀬さんのいる「ひき桜」に、筆者も2016年4月10日の例会に参加したところ、27人のうち5人が女性だった。これは成瀬さん自身の、高年齢で女性の自分がいるということを積極的にアピールし、集客したいと思っている動きが功を奏していると思う。

また、筆者が発足当初から関わっている、「ひきこもり」現象に関心のある多様な人たちが集まる対話の場『ひきこもりフューチャーセッション「庵ＩＯＲＩ」』は、２０１３年から、偶数月の第１日曜日に都内で開催されているが、毎回１００人前後の参加者がいるうち、女性の比率も増えてきている。

２０１５年12月、当事者の発案で「母と娘の関係」について対話するテーマテーブルを設けたところ、20人前後の参加者全員が女性だった。以来、庵では、女性向けのテーマテーブルが必ず作られるようになった。

２０１６年４月、ひきこもり経験者たちが主催して都内で開催された「ＵＸフェスティバル」は、いわば企画を選べる〝ひきこもり文化祭〟のような楽しいイベントで約４００人が集まっていたが、ここでも数多くの女性が参加していた。

誰にも言えない叫び

さらに、彼女たちを苦しめているのは、男性に向けられる世間の目とは違ったものだという。

前出の成瀬さんは、こう説明する。

「いまだに、家族や世間から、ひきこもっている女性は結婚すればなんとかなると思われているけれど、実際は全然なんとかならない。結婚に逃げればなんとかなるだろうというのは、まったく持って無理な話。人とコミュニケーションとることが苦手な人も多いし、自分に強い劣等感を感じている人や、ひきこもっていることに引け目を感じている人も多いので、まず友だちを作ることがなかなかできません。彼氏なんかなおさらムリです。ひきこもっていれば出会いもないですし。ただでさえ「普通の人」たちの結婚事情が厳しい中、そういう逃げ道なんてないというのが実情です。高年齢になればなるほど、結婚自体考えられないですね」

女性当事者に、「結婚すれば、なんとかなるだろう」などと安易な構図に落とし込もうとする考えは、親や親戚、世間、男性当事者と、あらゆるところから飛んでくる。

「けれども親は一向にわかってくれない。本人は延々とひきこもり続け、対人関係が作れず、彼氏ももちろん作れず、ただ年だけとっていく。親は余計に焦りだし、結婚しろ、結婚しろとプレッシャーをかける。ようやく、親ももう無理なんだと気づき、諦める頃には、もう40代とか高年齢です。世間的に産業廃棄物などと陰口を叩かれる、妙齢の女性なんですよ。でも本人たちはその昔から、私はその道は無理なんだということを自分でわかっているんです」

昼間、仕事をしないで外を歩いていると、より強いプレッシャーを受けて、後ろめたさを感じやすいのは、男性のほうだ。だから、世間的には男性のほうが大変だと思われている。

特に地方では、男性が外を歩いているだけで、職務質問をされることもある。自分が何者であるかを説明できなくて、余計に怪しまれる。

不審者と間違われ通報されることもあるという。それが怖くて、あるいはトラウマになって、ますます外に出られなくなる人々も多い。

そういった心配は、女性のほうが比較的少ない。男のほうが仕事をしていないと抑圧が強いと、世間的にもひきこもり界隈でも思われている。

「女性の場合、たとえ仕事をせずに家にいても不審がられないし、結婚して扶養してもらえるっていう偏見で、男に比べれば楽だよと思われているのですが、逆にそれによって、真剣に考えてもらえなくなっている気がします。女性のひきこもりは、本当はまったく軽い問題ではないのに、あまり取り合ってもらえない。世間的にも重要視されないし、問題視もされない。だから、ひきこもり男性と同じように追い込まれているのに、周りも世間にもそうは思われていない。実情や苦悩が伝わらないというのが逆にものすごく困るんです」

話しづらいことだってある

成瀬さんは、高校時代、うつ病にかかり、休学し留年した後、学校へ通うことがつらくなり退学した。

小さいときから「強迫性障害」だったのが、だんだんと悪化。外に出ることが難しくなり、それでも趣味の集まりなどには出かけられていたので、対人関係でつらかったというわけではない。

いわゆる「社会的ひきこもり」で、基本的には家の中にいるものの、外に行くことはできた。当時は「強迫性障害」のことを知らず、「自分がまともじゃない」という感覚が強く、余計に「こんな異常な性質の自分」を親にも他人にも言えなかったという。

顔を出していた集まりなどでは、自分のことを「アルバイトしている」など嘘をついて他人に話していた。

不潔恐怖という症状があり、本屋で本を買うのも、立ち読みするのも無理、図書館で本を借りるのも無理、ＰＣをセッティングするのに人を家の中に入れるのも無理だった。確認強迫という症状もあり、文章の同じ部分を何度も何度も読んで確認することをやめられず、本を読むこと自体がつらい。だから自分の症状を知るための情報が入ってくることはなかった。

けれども、転機は訪れた。30歳を過ぎてから、偶然テレビで強迫性障害の特集を見て、自分の性質、行動はこれなのではないかと思い病気のことを初めて知ったという。

そして、自分が「強迫性障害」という病気ではないかと当時別居していた親に打ち明けたら、ネットで情報を調べてくれて専門の病院や病気の自助会などに行くことにもつながった。やはり自分自身でネットを使えなかったことが大きく影響して、ネットさえ使えればもっと10年くらい時間を短縮できた、病院にもかかれたと思っている。そして、もしあのとき何かしらの情報をつかまなければ、ひきこもる期間がどんどん長引いていただけだろうと思っている。

「自分自身のことを病気だとわかったのと、20、30歳にもなってまだ働けない人がいっぱいいることを知ってから、自分のことを受け止められるようになったし、より積極的にひきこもりの自助会とか親の会とかを調べて行くようになりました。自分と同じ立場の人間がいることを知って、やっと自分のことを隠さなくなったんです。自分のことを隠して、抱え込んで、他の人には自分のことを話さないとか、嘘をついてごまかすとか。そういうことはなくなったんです」

そんな成瀬さんは、自分と同じ年代の女性たちが安心して出てこられる居場所のニーズや、つながりたいというニーズが多いことがわかって、これからより積極的に「女性のための居場所を作り出していきたい」と話す。

「そもそも私がひきこもり関連の会を探して、友だちが欲しい、つながりたいと思っていろいろ行ったけれど、女性とはつながれなかった。そこで親の会でたまたま新たに居場所を作りたいと思っていた当事者に出会って、自ら居場所を作る側になったんです。若い人には居場所がいっぱいあるんだけど、中高年・女性の居場所は少ない。そういう人たちが来れる居場所を増やし、中間的な場をつくり、私と同じ立場の人をもっともっと集めたい」

そして、その目的のひとつにはやはり、男性メインの場だと話しづらいことがあるからだと言う。

「女性の健康問題、更年期、生理などは話しづらいです。40代以上だともうそろそろ更年期じゃないですか。そして本音の本音では、結婚したいんだけど、彼氏が欲しいんだけど、そもそも自分はひきこもりだから……という悩みがある人も多いかもしれない。それにアラフォーにもなってくると、出産の限界の話や、結婚がだんだんとできにくくなるなど、とてもデリケートな悩みも出てくるので、それを男性がいない状態で話せる場所が欲しいんです」

これまでは、居場所の運営も男性中心だった。しかし、これからは、女性が運営に入って、姿の見えない女性たち、中高年たちにも呼びかける活動を続けるつもりだ。

板橋区での「ひきこもりカフェ女子会」の取り組み

ある女性当事者から筆者に寄せられた情報によると、東京都板橋区には、いたばし総合センターが運営する「ひきこもりカフェ」があり、彼女はそのチラシを見つけて、興味をもったという。家から一歩も出られないという深刻な状況ではなかったが、頼れる人はおろか知り合いすらいなかったため、誰かの話を聞きたい、誰かと話してみるきっかけが欲しいと思っていた矢先だった。同時に、センターの職員から、「みんな面白くて楽しいですよ。何か言いたいこと、喋りたいことがあれば、あなたも来てみてください」と案内され、男女が参加する「ひきこもりカフェ」に参加してみた。

すると、そこに参加していた当事者から、「ひきこもりカフェ女子会」があることも教えてもらった。

その当事者は「私は来れるときにだけ参加しています」「もしかしたら、また会えるかもしれないから、よかったら来てください」という言葉にも後押しされて、「ひきこもりカフェ女子会」に参加するようになった。

もちろん、男女混合の「ひきこもりカフェ」も面白かった。けれども、女子会は女子会でまた違った面白さがあるという。

「とくに大した話はしないんです。本当にくだらない。でもなんだか盛り上がっちゃうんです。職員の方も女性だし、参加する人も女性だけだから、ガハハって大きな口を開けて笑っちゃうことも多いです」

「ひきこもるのは男性」という先入観やイメージが強い中で、このように「ひきこもる女子限定」の当事者会の存在は、広く全国を取材している筆者が把握する限り、珍しい取り組みといえる。

「寂しい思いをしているときだからこそ、その場でいろんな人の話を聞いて、こういうことで悩んでいるのが、私だけでないと知って安心しています。それにみんなが悩んでいることを聞くのも勉強になるんです」

選択肢を増やす重要性

彼女が出会った「ひきこもりカフェ女子会」とは、どんなところなのか。

「ひきこもりカフェ女子会」を担当するボランティアセンターの神元《かみもと》さんによると、開催は月1回。参加者も毎回、3人前後の少人数のことが多いという。

当事者たちが出て来られるかどうかは当日にならないとわからないため、結果的にたとえ参加者が0人だとしても、「いつ来てもいいよ、私は必ずいるよ」という思いで、常に神元さんなど誰か職員が対応できるようにしているという。

もともとこの会を開こうとした背景には、男女問わない「ひきこもりカフェ」に来ていた、10~15人くらいの参加者のうち女性は2~3人だったという事実がある。その彼女たちが「ひきこもりの集まりはどこも男性が多い。男性がいると話しにくいこともあるので女子会をやりたい」という希望の声を神元さんにかけたことがきっかけで、通常の会と並行して「女子会」も開催するようになった。

板橋区付近に住んでいる人々で女子会だけには来れるようになった人もいれば、地方で不登校状態にあった女子高校生が、その地域にはこのような場がないからと、通ってきたこともあった。

「女子会という必要性はあったのかなと思います。ただ、人とコミュニケーションをとるのがもともと苦手な人も多く、女性同士の仲間ができてもそこでできた人との関係性に安心してしまい、近づきすぎてしまったり距離感やバランスがうまく取りにくいところもあるのかもしれないと、傍から見ていると思います。そんなこともあり、当初は当事者の方に運営をお願いすることも考えていたのですが、センター職員が入って話をするほうが、みんな安心して来てもらえるかな、と今は思っています」

一方で、家庭を持っているような女性の場合は、女子会のほうがいいこともあり、年代や家族関係によっても、女子会が向いているかどうかが変わってくるかも知れないと、神元さんは指摘する。

「現在進行形の当事者だけでなく、経験者も含めて、結婚してもやっぱり何かきっかけがあったら〝ひきこもり〟に戻ってしまったりすることも多くあると思います。そんな彼女たちが仲間に会いに来たり、なかなか他では言えない悩みを話せる場として利用できることも、女子会を始めてよかったかな、と思えることです。時に、恋話で盛り上がることもあるし、女子ならではの話題も多く、笑い声が響きわたることもあります」

利用対象者の年齢も、ここでは制限がない。親子で参加する人々もいるので、10代から60代まで幅広いという。

新たに動き出しているのは当事者

これまで居場所やさまざまな支援機関の利用者として現実を体験してきた、山口県の福田さん（48歳）は、社会経験をしてから、ひきこもりを経験した女性の1人だ。

4年前からパートナーと共に「カモミール」という名前の自助グループをつくり、「居場所」を提供するなどの活動をしている。パートナーも当事者の1人だ。

ここでは、「～こころとからだの健康を考える交流会～」を毎月第2日曜日に開催している。その活動の中で新たに、昨年の7月から「40歳以上のひきこもり女性のためのサロン」を始めた。

どちらの活動も〝支援〟という立場に移ったわけではないという。あくまでも、当事者として自分のできる範囲のことをすることと、居場所の提供のみである。まだ自分の中での課題もある。あくまで、それを背負う当事者の1人だ。

活動も試行錯誤で、対話のレッスンも受講したが、そこで信じられないことが起き、結局「人」だと思った。テクニックはいらない、たとえ口下手でしどろもどろになったとしても、外に出たかったが出られなかったつらさは知っている。同じ苦しみを抱えている人と話をしたり、共に考えることはできるのではないかと思っている。

福田さんが外に出られるようになったときから、ひとつの悩みがあった。

当事者に向けた支援活動をしているところはいくつかあったが、男性の前では話しにくい、女性特有の悩みを気兼ねなく話せるところは少ないと感じていたという。

また、大人の女性に向けた居場所というものもなく、自分自身があるといいのにな、と思っていた。

エクスキューズはいらない

福田さん自身は男性の多い職場での就労経験もあり、もともと男性とか女性だからと分けて考えるタイプではなかった。しかし、自分が「社会的ひきこもり」を経験し、支援施設に通うことになってから、そういうことを強く感じる場面に出くわすことになる。

当事者のための居場所に参加すれば、圧倒的に男性のほうが多く、それに比べると女性の人数は少ない。講演会でもらった資料にも、男女比は7：3で男性の比率が多いと知識を得た。

年齢的にも自分と同じ年代の女性に出会うことはなく、いつまで経っても自分が一番年長者だったのがつらかったという。

さらに、そこで覚えた違和感があった。

ある会で参加者が食事をしていたとき、使用したコップやお皿などの洗いものや片付けの仕事を当然のように女性がしていた。男性はその横で、談笑を続けていた。みんなで片付けたらいいのにと思ったが、そのときは何も言えなかったという。

「おにぎりを握ったり、片付けをしたり、女性ができて当たり前と思われがちな料理や掃除、手芸が苦手な女性もいます。家事が苦手な女性はどうすればいいかわからない。みんなに察知されないように気を遣って、また疲れる。暗黙のうちに女性の役割を強いられているのでは、と思ったんです」

そして意味のない年齢制限があるために「すみません、この年なんですがいいですか？」といつも遠慮しながら支援施設に相談しに行っていた。その度にどこか自分の何かがそがれていく気がしたという。

きっかけは、自分以外にもこういう面で悩んでいる人がいるのではないかと思ったからだ。また、正直なところ会ってみたい、話してみたいという気持ちも強かった。せめて、年齢の点だけでも、何のエクスキューズも必要なく、最初から気兼ねなく、自分もいてもいいんだという場所が欲しかったという。

「この世界は狭いのかもしれません。もっと自由に想像してもいいのではないでしょうか。

どこか焦って一生懸命になっている親や支援者とは、あえて距離を置いてもいいと思います。自分の人生、どう生きていくか自分自身が考えて、決めて行動に移すことが自然なことだと思うので。いろんなことを習ったりするほうが、つながっていくかもしれません。回り道だと思っていたら、早道だったということもあります。

社会に余裕がなく、みんなが直角になりすぎているように感じるので、もう少し寛容な社会になってほしいと思います。居場所はあくまでも手段のひとつです。その人らしく生きていくためなら、この世にあるもの何を使ってもいいのではないでしょうか」

福田さんは現在、「カモミール通信」（月1回発行）の中に、情報や思いを乗せて発信している。

自分自身まだ未熟で、活動も手探りの状態が続き、完璧に整っているわけではない。でも選択肢は多いほうがいいと思う、女性の居場所がひとつ増えたと考えてもらえればいいと思っている。

1人で今もつらい思いをしている、姿の見えない女性当事者に、ここにもこんな場所があるということを知ってほしいと思いながら、福田さんは活動している。

セーフティネットの充実を

ひきこもり状態の女性の背景にある「心の傷」に向き合うための居場所の存在も必要で、緊急的な対応窓口の整備も含めて、これから広く啓発していくことも考えていかないといけない。

第1章で紹介した中野宏美さんは、「いろいろな問題の一番下に、性暴力が隠れていることは少なくない」と話す。

これらを解決していくためには、背景にある、言葉にできない感情を言語化していくためのプロセスが必要で、適切にアプローチできる人、場所、資源が重要になる。

だから、本来は、ひきこもる人たちの最初の相談窓口の担当者が、そうした性被害の可能性まで想像して対応できるかどうかが、とても重要だ。

ところが、残念ながら現実は、自治体によって相談窓口の体制がバラバラで、そうした当事者たちの気持ちの理解や知識が十分に共有できているとは、とても言えない。自治体によっては、昔ながらの古い価値観に基づくカウンセリングによって、思い切って性被害を打ち明けた女性ひきこもり当事者をセカンドレイプ的に傷つける、とんでもない相談員の対応例もあったと聞いている。

最近ようやく被害者が駆け込める、内閣府の「性犯罪・性暴力等被害者のためのワンストップ支援センター」の開設も、各地に広がりつつあるという。

支援センターの対応としては、緊急の場合、まず産婦人科へ行って、妊娠と性感染症を防ぐことに集中する。また、本人の意向を確認して加害者の証拠を保全することもできる。ＰＴＳＤを防ぐ措置も、初期であればあるほど有効という。

中長期になると、「学校へ行けない」「働けない」「誰とも話せない」といった「ひきこもり」状態を含めた生きづらさへの対応や、裁判の相談等になる。

だんだんと「加害者を罰したい」と、裁判への意向が強くなることも少なくない。そこで本人の求めるものに応じて、一緒に支援を考えていくことになるという。

「裁判は有効な手段ですが、できる人は限られてくるし、勝つのは難しい。裁判で闘えない場合に、どういった形で支援できるかを弁護士が知っているか知らないかの違いは、かなり大きいと思います」（中野さん）

本人がどういう形で、性暴力後の人生を歩むかの選択肢がたくさん用意できて、裁判以外の選択肢をどれだけ提示できるかが、支援する側には求められるという。

「例えば、暴力と向き合える力をつける人、本を読んで理解する人、当事者同士で仲間をつくっていく人もいる。自分の言葉で伝えていく人もいます。いろんな方法があると思っていますが、どれが合うかは、本人がこれからを生きていく上での選択肢だと思っているんですね」

リストカット、薬、アルコール、ホームレスと、いろんな選択肢がある。

その中のひとつに、ひきこもるという選択肢もある。ひきこもらなければ、生きていくことができないくらいのしんどい経験であるならば、それは大事な選択でもある。

「それこそ〝亡くなる〟選択もある中で、ひきこもってでも生きようとしていることを、私は尊重したい」

ただ、「性犯罪・性暴力等被害者のためのワンストップ支援センター」については、まだ各地に整備されているわけではないため、確認が必要である。

中身のない体制

「ひきこもり」という切り口で、相談の入り口としておすすめなのは、同じ状況の悩みを抱えた当事者家族会の全国組織である、NPO「全国ひきこもりKHJ家族会連合会」だ。

家族当事者ならではの情報やノウハウを蓄積していて、これからつながりたい各地域の社会資源や支援団体のリアルな情報なども豊富に持っているため、当事者仲間をつくるという目的以外にも、まずは地域の支援状況を情報収集するうえでも参考になる。家族会に出入りしている専門家や支援団体なども多く、シルクロード的な役割も果たしている。

現在、全国50カ所以上に家族会支部があり、勉強会やイベントなどを開催している。当事者会が併設されている支部も多く、家族会が運営する居場所なども開設されている。

また、厚労省は、「ひきこもり地域支援センター」を全国都道府県と政令指定都市に開設。相談窓口が設けられている。

「ひきこもりサポーター」養成派遣制度、生活困窮者自立支援法の相談窓口なども最近、各自治体に整備された。

山口県の取り組みのように、県内各地の保健所が「ひきこもり地域支援センター」のサテライト機能を担っていて、家族会や本人の会を開催しているような県もある。

しかし、実際には、行政や公的支援機関は、男女関係なく、ひきこもる当事者の思いに対応してくれる窓口がほとんどなく、十分に機能しているとは言い難い。

たとえ、「女性相談窓口」などの名目で設置されている役所があったとしても、自治体によって内容がマチマチで、相談担当者がマニュアルを読むだけだったり、すでに本人が知っているような情報しか持ち合わせていなかったり、どこまで当事者の気持ちを理解できているのか、疑問に思う対応をしているところも少なくない。

中でも、女性に対する時代遅れ的な偏見に基づき、例えば結婚を促されるとか、年齢を聞いて40歳以上を選別するとか、現場の対応についても、勉強や理解不足を否めないケースもある。

形的には、相談窓口の体制が整ったものの、中身の運用は自治体によってまちまちで、対応する担当者によって違ってくるという課題はまだある。

第5章
社会とつながるために

埋もれていくトラウマ

「ひきこもる女性たち」の実像については、データも文献も資料もほとんどなく、「男性社会」の陰に隠れて、よくわからずにいた。

しかし、これまでに受けた心の傷を親や周りの人から口止めされ、苦しさを心の内に封じ込めてきた結果、生きづらさを抱え、ひきこもっている状態の女性たちがいる。また、社会にとどまらず、家族ともまったくしゃべらなくなる緘黙《かんもく》状態になると、周囲が本人の思いを聞くことさえも難しくなる。

ひきこもっている人たちの多くの中核層は、声を上げる余力がなく、姿を見せない人たちだ。

ひきこもっている人たちの状況は多様だが、その背景を丁寧に探っていくと、実は、こうした過去のトラウマ（心的外傷）を抱えたまま、心を閉ざし続けているようなケースが少なくない。トラウマには、ＰＴＳＤのほか、解離症状、抑うつ症状などもある。

筆者がこれまで聞いてきたような女性当事者たちの抱える課題とも、かなりシンクロしているようだ。

心に傷を負った当事者たちは、これ以上傷つけられたくないし、相手を傷つけたくもない。しかし、思いや言葉を封じ込められ、なかったことにしようとする作用が働いていく。

「時間経過の中で、トラウマの影響は複雑化し、因果関係がわかりにくくなっていきます。多くのトラウマはみえなくなり、また語られなくなっていきます」

精神科医で、一橋大学大学院社会学研究科の宮地尚子《みやじなおこ》教授（医療人類学）は、『トラウマ』（岩波新書）の中でそう述べている。

語られないと、トラウマはどうなるのか。宮地教授は、次の4点を挙げる。

「周囲からの理解や正しい診断を得られなくなる」

「秘密にしておくこと自体が、様々な症状をもたらす」

「否認や回避、抑圧や解離などによって語られない場合、その癖が固定化し、強化されてしまう」

「語られないことによって被害が続いたり、さらなる被害者が生まれることもある」

一般的に、外側にいる人たちが接することができる当事者は、体調が少し回復して、こもる状態から社会に向かって動き始めたり、声を上げたりできる段階の人たちだ。

宮地教授は、このような「埋もれていくトラウマ」と支援者の関係性について、「環状島」という独自に生み出したモデルでわかりやすく紹介している。

同書によると、環状島とは、真ん中に沈黙の〝内海〟がある、ドーナツ型の島のことだ。

トラウマを巡る語りや表象は、中空構造をしている。トラウマが重ければ、それは沈黙の海に消えていきやすい。

内海では自殺などで死に至ることもあるし、生き延びたとしても、2次障害で精神疾患などを患って、語れなくなることもある。

また、環状島の内斜面には、生き延びた被害者のうち、声を上げたり姿を見せたりできる人がいる。

一方、外斜面にいる支援者は、尾根を越えて内斜面に入っても、沈黙の内海には飛び込めない。現場に入っていかざるを得ない支援者もいるが、惨状を目にして自分が被災することもある。

支援の側に回る被害者（当事者）は、内斜面と外斜面を行ったり来たりする。どちらの側の事情もわかる一方で、双方の重圧や風にさらされやすい。

外海には、傍観者や出来事のことを知らない人、関心のない人がいる。

「環状島モデルの内海には、たくさんの人たちが沈んでいます。表面的にＰＴＳＤの症状として顕在化してくるのは、内海の波打ち際や内斜面の低い辺りからです」

外界から見える世界と内海の世界

２０１３年11月、筆者は宮地教授を訪ねて、事件や事故の被害者・被災者を想定した環状島モデルが、ひきこもる当事者に当てはまるのか聞いてみた。答えはイエスだった。

「被害者は、事件が起きた直後から3年くらいは気遣われると思いますが、その後も長い人生を生きる。そうした生きづらさに対する対処の仕方のひとつが、ひきこもりという状態なのではないでしょうか」

「それ以上の傷を受けるのを防ぎたいし、最低限、人に迷惑をかけたくない。できる限り経済的な負担をかけたくないことなども、ひきこもりという対処の仕方に含まれているのだと思います」

今回、「ひきこもる女性」をテーマに取り上げるにあたり、女性当事者たちに話を聞いていると、やはり、この環状島モデルのことをどこかで触れないわけにはいかないと思った。ひきこもる女性の背景にあるメカニズムとかなりの部分で合致しているように思えたからだ。

外界にいる傍観者たちは、沈黙の内海にいる人たちの声を聴くことはできないし、姿を見ることもない。しかし、内斜面に登ってきた当事者たちを通じて、そのことに気づいた人たちは、内海での日々の思いを学ぶことができるし、気持ちの理解できる当事者たちは、声や姿を外界へと届けることもできる。

せっかく外界に出てきて、何とか支援者の力も借りたりして仕事に就けるようになったとしても、いきなりの変化に無理しすぎたり、疲れてしまったりして再び体調を崩し、また自己の世界に戻ってしまうことはよくある。

だから、本質的な問題を解決していくうえで向き合わなければいけないのは、こうしたひきこもる人たちの背景に隠されたトラウマだ。

再び社会に傷つけられたり、疲れてしまったりして、せっかく就いた仕事を辞めてしまったとしても、そっとそばで関わり続けていてくれる人たちの支えや、そんな仲間たちのいる居場所があれば、その後の人生も大きく違ってくる。新たな生き方を踏み出すための勇気にもつながるかもしれない。

大切なことは、小さなところから声をかけ合い、優しくし合うことが大切だ。そのためには、従来の支援する側と支援される側の関係性を、〝上下関係〟ではなく〝フラットな関係〟に見直して、依存し合わない距離感を保ちつつ、リスペクトし合って生きていく間柄をお互いが意識することから始めてもいい。

誰もが弱い部分をカバーして生きているし、弱さがなければ人間ではない。女性たちの中には、感情を言葉にしようとしたときに、涙しか出てこなかったりして言葉にできないこともある。

言語化できない場合には、テキストに起こすための翻訳者のサポートが必要だ。アートとしての表現や、人や社会に役立つ活動、安心な場で一緒に何かのモノをつくる作業なども、もともとの潜在力を取り戻すカギとなるという。

ＰＴＳＤやトラウマに対する社会の捉え方は、〝見えないもの〟〝言われないもの〟をなかったことにして、消してしまおうという作用が働いている。でも、その「語られないもの」こそが、この社会にとって最も大事な世の中の価値なのだろう。そうした価値を伝えることのできる当事者たちは、伝道師としての役割も担っていて、これから時代に必要とされるであろうし、活躍の場もつくられていくことだろう。苦しい過去を乗り越えて、声を上げ始めた女性の価値は、なおさら高いといえる。

育ち始めた芽をつぶさないために

そんな声を上げ始めた当事者たちが、安全・安心な場所で人とつながれて、元当事者が伝道師として活動しやすい環境づくりを周囲がサポートしていくことが、まず最優先の課題だ。

学校や職場などの関係性の中で傷つけられ、不安や恐怖を感じて社会から撤退していった当事者たちが再び社会で活躍するためには、関係性を再構築することが必要になる。そのために重要なのが、感情を言葉にしていく作業だ。

当事者たちが再び社会に出ようとして、つながりを模索し始めている。しかし、周囲を見渡してみれば。関係性は上下関係ばかり。ひきこもらざるを得なくなった人たちの思いを受け止め、構築する仕組みがない。

当事者の中に起こっていることを真ん中に置いて、多様な人たちの思考回路で世の中を見つめる作業と、視点を共有し合うことで生まれる関係性づくりが求められているのではないか。

今、「ひきこもり支援」において、当事者たちに必要なのは、本人たちの意向を無視した「就労」の押しつけではない。社会に出てみて、仕事に就いてみて、たとえ長続きしなかったとしても、そんな本人たちに寄り添える「支え」であり、そんな仲間たちとの「出会い」である。

第4章で紹介した女性も、板橋区の居場所を通じて出会った「仲間たちとのつながりが、自分を見つめ直すことにつながった」と話している。

言葉にしても安心できる。そんな場をつくることとの大切さは、どんな世代であっても、どんな立場であっても、変わらないものであろう。

家族や周囲は、ひきこもるという行為によって生きるという選択をしてくれた本人たちに、まず「生きてくれてありがとう」という感謝の気持ちを込めてもいいのではないかと思う。

ひきこもる期間を経たからこそ、つかみ取ったもの

また、一歩踏み出し、「ひきこもり」で「女性」であることを逆手にとった経験者がいる。

雇われて働かなくても、アフィリエイトという仕組みに出会い、ひとつの生き方を見つけ出したのが、愛媛県に住む近藤愛《こんどうあい》さんだ。現在、「株式会社だいすき・ラボ」の代表で、「日本アフィリエイト協議会」の理事も務める。

「職歴や学歴も関係なく始められる〝アフィリエイト〟という働き方があることを、自分と同じ境遇の人に知ってほしい」

そう話す近藤さんは、小学校の頃から、成績がよく、運動もできる優等生タイプで、学級委員長もしていた。その一方で、人一倍、人の目を気にして「できない」人に見られる恐怖につきまとわれていた。高校選択時、女性は手に職をつけたほうがいいのではと考え、薬剤師になるべく、進学校の理系選抜のクラスに入った。しかし、今まで優秀だと思っていた自分も、もっと優秀な周囲に比べれば「普通」の人だと感じるようになった。次第に、毎朝通学して、同じ席に座っているのが苦痛になった。結局3年のときに中退したが、その頃のことは、今でも思い出すことができないほど記憶がないという。

高校中退後、「中卒」という最終学歴しか持っていない自分に焦りが生まれる。一念発起し大検を受け、京都にある大学に入学。なんとしてでも卒業しないと「中卒になる」と思い、勉学に励む中で、新しい環境下では友人ができなかった。就職活動もうまくいかなかった。

大学を卒業後、そのまま社会に出るきっかけを失い、そこから「ダラダラ期」は10年くらい続いた。

仕事をしていない、何もしていない状況で、親に食べさせてもらっているという現実が重くのしかかった。

「ご飯を食べてはいけないのではないか……」というやましい気持ちに覆われる。テレビがついていても、面白いと思ってはいけない。もしテレビを観ながら笑ってしまった自分を、親が目にしたらどう思うのだろうか。ただただ、親への申し訳なさがいっぱいで、無感情で食事していた。やりきれない後ろめたさを抱えながらひっそりと暮らしていた。

ある日、母親から「一緒に死ぬ」と言われ包丁を突きつけられたこともある。父親とも直接話すことはなく、ワープロで文章を打って、会話のやりとりをしていた。

自分にできることとは

「ダラダラ期」のなかでも、なんとか働くきっかけをつかもうと職業訓練所でパソコン教室に通う。そこでパソコンの基本やホームページの作り方を学習した。

あるとき、化粧品会社の買い物サイトに、「商品を紹介してお小遣い稼ぎしませんか?」という告知が載っていたのを見つけ、ピンときた。パソコン講習でも習ったことを生かし、商品紹介の文章を書くという手軽さならば、自分でもできるのではないかと思ったのだ。

パソコンさえあれば他の初期費用はかからない。ハードルも低く、誰かに迷惑がかかることもなく、1人でできる。企業の面接時のように、「この空白の時間、何をしていたんですか?」と聞かれることもない。人との接触もままならないけれど、どうにかして働かなければいけないと考えていた自分にはうまく合致したという。

「アフィリエイトは、会社員と違って、自分次第で収入が10倍になる可能性もある。でも最初は儲かるということよりも、今日、ページをつくったぞという充実感がいちばん大事だったと思います」

もちろん、デメリットもある。

「逆に、コンビニのバイトみたいに一定の収入は保障されないし、3年やっても1000円しか儲からない可能性もある。でも、何もしないより、何か始められるのなら、始めてみる。それがひとつの自信にもつながって母親の目を見て会話ができるようになった。そういう意味では、自分は何もできないと思っている人に知ってもらえたらいいな、と思います」

自分の好きなコンテンツをつくるだけなので、テーマを誰かに設定されることもない。さらに、意外にもパソコンと自分だけのヴァーチャルな世界ではなく、リアルでもオフラインのつながりが増える。地方にもアフィリエイトのコミュニティがあるという。

そのコミュニティでは、ヘンな人ばかりでまともに働いたことのある人がいない印象だ。でも、共通の話題があり、情報交換の場としても機能し、外に出る機会としても貴重な存在になっている。

「私は、アフィリエイトのつながり以外、リアルな関係を持っていないんです」

そんなふうに打ち明けてくる人の中には主婦の人も多く、「主婦アフィリエイト」と呼ばれる人たちもいる。子どもや夫がひきこもっているため、妻がアフィリエイトで、生計を支えているケースもあるという。

さらに、近藤さん自身、アフィリエイトを始めるのは女性のほうが有利ではと考えている。なぜなら、世の中の消費の大半は、女性が財布のひもを握っているからだ。コンテンツは物販が中心なので、女性自身の購買心理や行動を想像しやすく、たとえば夫のシャツや自分の化粧品をどこで買えば得なのかをよく考えて知っている。

最初の段階では「今日は、これ買った」などのお買い物日記でもいい。こうした日記をコツコツ更新し続けていくと、経験値やマーケティングデータがたまっていく。やっているうちに、どういうキーワードで検索されて人が来るのかというアクセス解析から、より人を集客しやすいルートがわかっていく。

近藤さんは、ブログを書き始め1年経たないうちに、月収200万円を超えた。運もあるかもしれない、でも何もしない状態のままだったら絶対に得られなかったお金だ。

「もしこの話を読んで、興味を持ってくれた人がいたら言いたいことはひとつです。まずはしっかりと知識や仕組みなどを頭に入れるために本を買うことが第一優先。今の時代は解説本がたくさんあるし、中古書店で100円程度で買えます。協議会のホームページを見てもらってもいいかもしれません。また、怪しい情報商材にはお金を使わないことです」

何よりこのような状態になっていることに一番驚いているのは自分だと話す。

「本当にすごいなと思う。ひきこもっていた過去の私が、今の自分を見たら、いったいどうしたんだろう？　と思うんじゃないかな。それも、親が自分を見捨てずにいてくれたこと、アフィリエイトを通して、リアルな人とのつながりが生まれたからだとかみしめています」

ひとつの道しるべ

当事者たちの多くはこれから先、どのようにして自立していけばいいのか、目の前に何も道しるべがなく、見つからないことに不安を抱えている。

これまで伝えてきたように、ひきこもっている人々が全員パソコンを持っているほど経済的に恵まれた状況、環境下にいるわけではない。さらに親たちの中でも、パソコンばかりに向かっている光景は依然としてイメージが悪いし、不安視する声もある。でも、実は一歩踏みだしたその先は、人間につながっていることもあるのだ。

「すでにネットでいろいろなものを見ている人は、ネット独特のバランス感覚を自然と養っています。現代の人々が求めているものや、ウェブ上ではどういう単語で話をしているかなど、ある程度のマーケティングが済んでいる状態だから有利だし、あまりずれることはない。センスというよりも、このバランス感覚がすごく大事」

近藤さんは自分で自分を縛っていた概念から外れ、自分が無理しない、自分を無理させないひとつの生き方を見つけた。

近藤さんは今、特別にあくせくして働いていないという。ブログを始め、コンテンツサイトを作り、そのアフィリエイト収入で月に100〜200万円入ってくる状態だ。でも、やはりお金は後からついてきたもの。気持ちが前向きに変われたことが大きい。

「結婚したくなければ、しなくてもいいし、好きなことができているのなら、それでいい」

信号もないような田舎の出身でありながら、母親も女性ならではの問題、結婚に対して進歩的な考え方の持ち主であることも起因しているのだろう。親との関係は、すごく大きいという。これまで両親にとても迷惑をかけてきたという後ろめたさの思いが強いため、収入が得られるようになってからは、全力で親孝行している。

今回、紹介した近藤さんは、極端な成功例かも知れない。しかし、この社会自体、どこに行くのか見通しのわからない時代、道なき道を切り開いて進まなければいけない中で、ひとつの道筋を照らし出してくれている。

きっかけはなんでもいい

「不登校」と「ひきこもり」経験者の林恭子さんは、「新ひきこもりについて考える会」の世話人や前出の「ひきこもりUX会議」運営メンバーを務める傍ら、同じ経験者の夫と一緒に古書店「たけうま書房」を横浜市内に開店した。残念ながら、お店は2015年末、閉じてしまったものの、ネット上の「アマゾン」や、「マルシェ」などでのイベント出店は、現在も続けている。

また、2015年には、生きづらさを抱えている人たちに「メイク」や「コーディネート」の方法を知ってもらおうという「ひきこもり×おしゃれカフェ」を4回にわたって、横浜市の「フォーラム南太田」で開催した。

もともと、林さんが、女性向けに何かやりたいとUX会議で提案したところ、UXの女性メンバーから「おしゃれを使ってやってみてはどうか？」とのアドバイスを受け、開催した。

ふだん家の中にこもっていると、メイクやファッションに自分で気を遣うこともできなくなる。「ひきこもり×おしゃれカフェ」では、お金のない人も多いので、「100均」の化粧品や格安の服を使って、メイク&コーディネートのレッスンを行ったという。

「学生もOLさんも昼休みに友人や同僚同士のガールズトークで、〝最近、このリップ出たけどいい色だよね〟などと情報交換の中からメイクとか覚えていくと思うんです。だから、プロが教えるという形ではなく、同じような経験をしてきた少し先を歩いている私たちが、一緒にお茶でも飲みながら楽しく、おしゃれのことを会話して覚えることと、出会ってもらおうというのが目的です」（林さん）

スタッフの女性5人は、全員が「不登校」「ひきこもり」経験者。そのことを伝えると、会場の雰囲気は、ガラリと変わったという。

「女性は〝ひきこもり〟とうたったイベント名でいらっしゃらないので、定員を各回20人に決めてから、定員10人でも良かったかと思っていました。ところが、毎回、参加者は定員近くいらして、お断りした方もいたほどで、すごくニーズがあるなと思いましたね」（林さん）

今後の予定については、地方での出張「おしゃれカフェ」も含めて、企画が検討されている。具体的なスケジュール情報については、UX会議のブログやフェイスブックに、告知が掲載されるという。

前出の2016年4月に開催された「UXフェス」では、なぜか会場の真ん中に「ひきこもり居酒屋」が開店していて、大好評だった。こうした居酒屋やカフェ、バーなどを当事者が主体になって、収益を目指したビジネスとして店を開くという話も出ている。

東日本大震災以降、大きな変化が起こりつつある。ソーシャルメディアを使って、当事者たちが自由に発信するようになったことだ。

そして、各地に点在していた当事者たちが、ネット上でつながり、他人の押しつける人生設計やレールにのるのではなく、自分たちの本当につくりたいコミュニティづくりや社会での活動を始めた。

今は誰ともつながっていない人たちが、こうして元気になっていく当事者たちの情報を知って、自分に合った職場を見つけたり、新たな生き方を選んだりして、それぞれの意思によって社会とつながるきっかけが生まれつつある。

おわりに

「なんで20年近く〝ひきこもり〟を追いかけているんですか?」

行く先々で、よく尋ねられる質問だ。

生活のために続けるのなら、他のテーマや仕事のほうが、よっぽど効率がいい。日々しんどい思いもしなくて済む。

子どもの頃、誰とも話すことができなかった「緘黙症」の経験があるからだけでもない。さまざまな隠された事実に向き合い続けていく中で、たまたま「沈黙する言語」の流れから「ひきこもり」というテーマに出会ってしまったのだ。

ひきこもらざるを得なくなった人たちの状況や背景は、星の数ほど1人1人が違っていて、マニュアルも教科書も何の役にも立たない。ただ、そんな当事者たちに共通する状態像である〝ひきこもり〟というテーマを切り口にした瞬間、今という時代が見えてくる。

不登校の子どもたちやひきこもる人たちは、今の社会のウソや矛盾といった歪みをあぶりだす。そんな当事者たちの目線で世の中を見つめてみると、いろいろな社会の問題が語れる。そういうものに出会うことが、物書きとして必要だ。

この社会にさまざまな問題が起きていることを知っている人たちがいる。しかし、何が起きているのかを調べて解消しようとしない社会。情報の格差により、持てる者と持たざる者がいて、皆がハッピーになれないのなら、そういうアンフェアな現実に誰かが警鐘を発し続けていかなければいけない。

「ひきこもり」とは、男性に起こりやすい現象だと思っていたし、実際、「男性の問題」として語られてきた側面もあった。

しかし、女性の存在が見えてこなかったために、この領域からジェンダーの視点が抜け落ちてしまっている。女性に多い性被害などの問題にもつながっていて、闇の大きさを感じる。

むしろ、女性の問題として語られたほうが、理解は深まるのではないか、とさえ思う。

さらに、男性でも女性でもない「ひきこもる」人たちの存在は、社会にほぼ想定されていない。

長く追いかけてきたつもりなのに、理解していかなければいけないことは、驚くほど、その先が続いていた。

筆者の元には、メールや講演イベントなどを通じ、取材の申し出をはじめ、相談や情報提供、感想もいただく。すべて目は通しているものの、お返事するのもままならない。ひとつしかない限られた体で、時間がなく、多くの申し出やメールをいただいた方々に、不義理を働く結果になってしまっていることを、申し訳なく思っている。

今回、本書にご登場いただいた当事者の方は、基本的には筆者とのメールでのやりとりを通してご協力いただくことになり、貴重な見識や視点等を提供いただいた。

この「ひきこもる女性」についての企画は、ＫＫベストセラーズ書籍編集部の出石萌さんからご提案いただいた。記事を出すたびに同じような状況の女性たちからの反応が多く寄せられてくるテーマだっただけに、ありがたい機会をつくっていただいた。

本書には登場しないものの、「ひきこもる」女性について、自らの基準の目線でアドバイスいただいた何人かの女性当事者の方々にも感謝している。

じっと目を凝らせば、放っておけないような〝真実〟を感じることができる。でも、支援者でもない物書きの自分にできることは、そうした情報を届けることによって、見えなかったものを可視化していくことだけだ。「障害」や「セクマイ」などのテーマに置き換えて考えてみると、想像しやすいかもしれない。「ひきこもり女性」たちの存在が、なかったことにされている。
「1億総活躍社会」を目指すのであれば、個々の女性たちが社会で生き生きと活躍できない要因はどこにあるのか。これから「ひきこもり女性」という切り口からも実態調査を行い、検証され、議論が深まっていくことを望みたい。

池上正樹

2016年4月　青森にて

「ひきこもり」関係の問い合わせ先
otonahiki@gmail.com

池上正樹（いけがみ　まさき）

1962年生まれ。通信社勤務を経て、フリーのジャーナリストに。おもな著書に『大人のひきこもり』（講談社現代新書）、『ダメダメな人生を変えたいM君と生活保護』（ポプラ新書）、『ドキュメント　ひきこもり』（宝島SUGOI文庫）、共著書に『あのとき、大川小学校で何が起きたのか』（青志社）、『下流中年』（SB新書）などがある。

ベスト新書
510

ひきこもる女性《じょせい》たち

二〇一六年五月二〇日　初版第一刷発行

著者◎池《いけ》上《がみ》正《まさ》樹《き》

発行者◎栗原武夫
発行所◎KKベストセラーズ
東京都豊島区南大塚二丁目二九番七号　〒170-8457
電話　03-5976-9121(代表)

装幀フォーマット◎坂川事務所
帯デザイン◎木村慎二郎
印刷所◎近代美術株式会社
製本所◎ナショナル製本協同組合
DTP◎株式会社オノ・エーワン

ISBN978-4-584-12510-6 C0236